Eva-Maria Bast | Sibylle Schwenk

W0190782

Geheimnisse
der Heimat

50 spannende Geschichten aus
Aalen und Wasseralfingen

Bast, Eva-Maria; Schwenk, Sibylle

Geheimnisse der Heimat: 50 spannende Geschichten
aus Aalen und Wasseralfingen

edition SCHWÄBISCHE POST
bei: Bücher am Münsterturm, Münsterstr. 35, 88662 Überlingen
(verantwortlich)
ISBN 978-3-9815564-2-1

2. Auflage, April 2013

Copyright: Eva-Maria Bast, Sibylle Schwenk
Lektorat: Lena Bast
Covergestaltung: Cornelia Müller
Layout: Julia Blust, Stefanie Kuklau
Grafik: SDZ kreativ
Satz: Homebase Bert Binnig Kommunikation & Design, Jarina Mühleisen
Druck: werk zwei Print+Medien Konstanz GmbH

Inhalt

Vorwort

Hinter den Fassaden wartet die Wahrheit, unter dem Asphalt ist der Strand, in den Steinen schlummert die Geschichte. Aalen und Wasseralfingen sind voller Wissen, in Vergessenheit geraten, zur Legende verdichtet, dem ersten und oft auch dem zweiten Blick verborgen, die Stadt ist voller Geheimnisse.

Journalisten berichten, was zu sehen ist, tagtäglich, offenbar, der Wahrheit nahe. Journalisten recherchieren, was im Verborgenen ist und erst recht das, was verdeckt bleiben soll. Sie stehen und wachen am Tor zu den kleinen und großen Geheimnissen der Stadt. Ihr Thema ist in der Regel die Gegenwart und die Geschichte nur, soweit das Vorherige das Verständnis des Jetzigen ermöglicht oder erleichtert.

Die beiden Journalistinnen Eva-Maria Bast und Sibylle Schwenk haben sich in die historische Spur der erstaunlichen Zeichen und verwunderlichen Denkmale Aalens und Wasseralfingens, zu den Geheimnissen der Heimat begeben. Sie beleuchten in diesem Buch allerlei Signale, die mal laut und handfest, mal diskret und leise auf Geschichten deuten, die recherchiert wurden und erzählt werden. Quellen sind die Menschen, die sich in der Stadt auskennen, die Archivare, die historisch engagierten Heimatfreunde, Zeitgenossen, Augenzeugen, die große Gruppe derer, die

das Gedächtnis der Stadt sind und ihr Spezialistenwissen gerne weitergeben.

Aus den vielen kleinen Geschichten ist ein Panorama entstanden, das
Aalen und Wasseralfingen in ihrer Vielfalt zeigt: die Entwicklung der
Bürgergesellschaft, die Gestaltung des Alltags und der hohen Zeiten in
der Provinz, weit vor dem Wald und doch nicht im dominanten Speck-
gürtel der Landeshauptstadt, in selbstbewusster Distanz zur Bürgerstadt
Ulm, freie Reichsstadt durch und durch, belebt und im Großen wie im
Detail gestaltet von klugen und impulsiven, aufrührerischen und tradi-
tionalistischen, skurrilen und rationalen, garstigen und charmanten,
drastischen und diplomatischen Menschen, von Schwaben halt.

Herzlichst Ihr

Rainer Wiese
SCHWÄBISCHE POST
Chefredakteur

Die Autorinnen

 **Eva-Maria Bast**, Jahrgang 1978, arbeitet seit 1996 als freie Journalistin. Seit ihrer Ausbildung (2003–2005) ist sie hauptsächlich im Bodenseeraum journalistisch tätig. Dort gründete sie 2005 das Presse- und Literaturbüro „Schriftwerk Bodensee" das 2011 in das Journalistenbüro „Büro Bast & Thissen" überging. Eva-Maria Bast initiierte und schrieb die Buchreihe „Geheimnisse der Heimat", die 2011 startete und rasch zu einem regionalen Bestseller wurde. Zeitgleich nahm sie ihr Studium der Geschichte auf. 2012 begann sie sich auch der Belletristik zu widmen. Mit „Vergissmichnicht" (Gmeiner-Verlag) gab sie ihr Krimi-Debüt. Die Handlung steht in engem Zusammenhang mit den „Geheimnissen der Heimat". Eva-Maria Bast hat drei Kinder und lebt mit ihrer Familie in Überlingen am Bodensee.

 **Sibylle Schwenk**, Jahrgang 1967, arbeitet seit 2003 als freie Journalistin. Nach dem Abitur am Schubart-Gymnasium absolvierte sie zunächst eine Ausbildung zur Sozialversicherungsfachangestellten, schrieb jedoch bereits zu dieser Zeit als freie Mitarbeiterin für die Schwäbische Post. In Seminaren für praktischen Journalismus bei erfahrenen Journalisten-Trainern vertiefte sie ihr Wissen und ihr Können am geschriebenen Wort. Die Leidenschaft für den Beruf und die Empathie für die Menschen, über die sie schreibt, haben sie zu einer gern gelesenen Autorin in der Schwäbischen Post und dem Kundenmagazin 1A gemacht. Auch in einigen Buchprojekten über Zeit- und Kirchengeschichte sind Beiträge der Journalistin zu finden. Sibylle Schwenk ist verheiratet und hat drei Kinder. Sie lebt und arbeitet in Aalen.

01

Hat seine Pfeife wieder:
der Aalener Spion.

Aalener Spion
Die Pfeife und der Pfeifle

Pfeife rauchen verbindet. Und es kann wohl nur ein Pfeifenraucher nachempfinden, wie hart der Verlust einer Pfeife treffen kann. Vor allem dann, wenn man nicht in der Lage ist, sich das Rauchinstrument wieder zurückzuholen, weil man festgekeilt und in luftigen Höhen in einem Turm hockt. Den Aalener Spion ereilte dieses Schicksal in den 1980er Jahren. Ein heftiger Sturm riss ihm die Pfeife aus dem Mund und schleuderte sie in die Tiefe. Welch´ Glück für Spion und Pfeife, dass drunten gerade ein Mann mit Hut entlangspazierte. Auf selbigem landete die Pfeife wunderbar weich. Und welch Glück für den Flanierenden, dass er eine derartige Kopfbedeckung trug, sonst hätte er sich womöglich noch verletzt, da die Pfeife bei der Fallhöhe sicherlich einiges an Geschwindigkeit aufgenommen haben dürfte.

Der Spion wäre trotzdem pfeifenlos geblieben, hätte nicht in jener Zeit ein Mann in Aalen regiert, der einfach ein Pfeifenfreund sein muss, wenn man dem Sprichwort „Nomen est Omen" Glauben schenken will. Und tatsächlich ist Altoberbürgermeister Ulrich Pfeifle auch ein großer Pfeifenfreund und denkt mit Freude an die Zeiten zurück, als er im Gemeinderat noch Pfeife rauchen durfte. Ulrich Pfeile also erhielt am Morgen nach dem Sturm einen empörten Anruf: „Ein Mann war am Telefon und schimpfte, der Spion habe keine Pfeife mehr", erinnert sich Pfeifle schmunzelnd. „Und dann hat er noch gefragt, was die Stadt denn mit dem armen Spion mache und dass das eine Schweinerei sei." Mehr ums Wohl des pfeifenlosen Spions denn um den Ruf der Stadt

So geht's zum Spion:

Der Aalener Spion befindet sich im Turm des historischen Rathauses, des „Spion-Rathauses" über der Uhr. Das Gebäude steht an der Ecke Marktplatz / Reichsstädter Straße. Vom Marktbrunnen aus kann man ihn besonders gut sehen.

Zwei Herren und zwei Pfeifen: Ulrich Pfeifle deutet auf den Aalener Spion über der großen Uhr.

besorgt, verließ Ulrich Pfeifle sofort sein Amtszimmer, um sich selbst davon zu überzeugen, dass der Spion keine Pfeife mehr hatte.

Und dann zögerte der Schultes nicht lang und startete umgehend einen Zeitungsaufruf, in dem er den „ehrlichen Finder" bat, die Pfeife zurückzubringen, und versicherte, es werde ihm auch nichts passieren. „Wenn ich mich recht entsinne, habe ich dem Finder sogar angeboten, er könne sie anonym im Rathaus deponieren", erzählt der ehemalige Oberbürgermeister. Doch niemand meldete sich und dem armen Spion auf seinem Turm ging es immer schlechter. Drunten am Boden litt Ulrich Pfeifle mit. Und startete einen zweiten Zeitungsaufruf – diesmal mit Erfolg: In seinem Vorzimmer wurde, säuberlich in Zeitungspapier gewickelt, die Pfeife abgegeben. Der Überbringer ließ ausrichten, ihm sei die Pfeife in der Sturmnacht auf den Kopf gefallen, zum Glück habe er einen Hut aufgehabt und er sei froh, dass er noch lebe. „Schließlich ist die Pfeife ziemlich schwer, die ist ja viel größer als eine normale Pfeife", sagt Ulrich Pfeifle.

Das fieberhaft gesuchte Rauchinstrument war also wieder da. Nur: Wie in aller Welt sollte man es dem in luftigen Höhen thronenden Spion nun wieder in den Mund stecken?

Pfeifenraucher halten zusammen: OB Pfeifle scheute keine Mühe, forderte die Drehleiter der Freiwilligen Feuerwehr an und ließ sich nach oben fahren. „Ich habe ihm die Pfeife ganz vorsichtig wieder in den Mund gesteckt", erzählt er. Gleichzeitig sorgte das damalige Stadtoberhaupt dafür, dass der Spion seine Pfeife nicht so schnell wieder verlieren würde. „Von hinten kam ein Feuerwehrmann, der hat dem Spion die Pfeife angeschraubt."

Da sitzt sie nun sicher und fest und trotzt jedem Sturm. Der Spion ist dafür bestimmt sehr dankbar. Schließlich weiß er, wie sich ein Leben ohne Pfeife anfühlt. Nicht nur, weil er diese Erfahrung während der pfeifenlosen Tage nach dem Sturm machen musste, sondern auch, weil vorher durchaus nicht immer eine Pfeife in seinem Mund gesteckt hatte. „Als der Spion nach dem Dreißigjährigen Krieg (1618–1648) auf den Turm gesetzt wurde, hatte er noch keine Pfeife", erzählt der Alt-OB. „Und zwar deswegen, weil in der Freien Reichsstadt Aalen Rauchverbot bestanden hatte." Da konnten die Aalener freilich keinen rauchenden Spion an eine derart prominente Stelle setzen. Außerdem dürfte zu jener Zeit niemand auf die Idee gekommen sein, einen Spion mit einer Pfeife auszustatten: „Das Bild der englischen Detektive mit der Pfeife kam erst im 19. Jahrhundert auf", sagt Ulrich Pfeifle, der, mit seiner eigenen Pfeife in der Hand, am Marktbrunnen steht und einen liebevollen Blick in Richtung Spion wirft. Fast könnte man meinen, Ulrich Pfeifle sei der zweite Aalener Spion. Und in der Tat haben sich ja auch beide um das Wohl der Stadt verdient gemacht. Der Spion, der als besonders klug galt, hatte den Auftrag, in Schwäbisch Gmünd die feindlichen Lager auszuspionieren, gab sich gleich als Spion zu erkennen und sagte sinngemäß: „Grüß Gott, ich bin der Spion von Aalen. Ich soll gucken, was bei euch los ist." „Und der Feind", lacht Ulrich Pfeifle, „der sagte: ‚Die Aalener scheinen nicht besonders klug zu sein, also sind sie keine Gefahr und wir müssen Aalen nicht überfallen.'"

Der Aalener Spion war also so schlau gewesen, sich dumm zu stellen und hat die Stadt damit vor der Zerstörung bewahrt. Und Ulrich Pfeifle hat Jahrhunderte später gekonnt drauf aufgebaut.

Eva-Maria Bast

02

Gerhard Kayser vor dem
großväterlichen Haus.

Gehobenes Haus
Gelupft und druntergemauert

Am östlichen Eingang zur Reichsstädter Straße steht ein schmuckes Haus mit einem großzügigen Ladengeschäft im Erdgeschoss. Schmuck war das Haus schon immer, aber bis vor rund 100 Jahren kam es wesentlich gedrungener daher und das Ladengeschäft war bei weitem nicht so großzügig: Es war schlicht und einfach zu niedrig. Tuchmacher Otto Schwarz, im Jahre 1907 Eigentümer des Gebäudes, fand das nicht repräsentativ genug und ließ die Räume flugs um 1,50 Meter auf 3,50 Meter erhöhen. Wie das ging? Ganz einfach: Schwarz ließ das Haus hochheben und unterfütterte es. Das freilich war auch Anfang des 20. Jahrhunderts eine Sensation. Zumal sich wenige Monate vor der Schwarz'schen Haushebung beim Heben eines Gasthauses in Nagold ein Unglück ereignet hatte, bei dem 52 Menschen starben, 94 schwer verletzt wurden und 34 Kinder ihre Väter verloren. Verantwortlich für die Haushebungen zeichnete Erasmus Rückgauer, ein älterer Herr, der die Methode aus Amerika übernommen hatte. Nach dem Unglück von Nagold wurde er wegen fahrlässiger Tötung, Körperverletzung und Verstoßes gegen die allgemein anerkannten Regeln der Baukunst zu sechs Monaten Gefängnis verurteilt. Doch kurz nach Ende seiner Haftstrafe hob Rückgauer ein weiteres Haus: das von Otto Schwarz. „Die Haushebung sorgte in Aalen natürlich für großen Aufruhr", erzählt Otto Schwarz' Enkel Gerhard Kayser, der sich heute Eigentümer des gehobenen Hauses nennen darf. „Innerhalb von sechs Stunden hat man das Haus um eineinhalb Meter hochgehoben." Kayser war damals freilich noch nicht auf der Welt, aber den Berichten seiner Mutter hat er schon als kleiner Junge faszi

Das gehobene Haus.

niert gelauscht. Auch die Kocherzeitung begeisterte sich für das Verfahren und ließ es sich nicht nehmen, selbiges genauestens zu beschreiben: „Entgegen früherer Hebungen hatte hier Rückgauer das ganze Haus durch hohe, senkrechte Balken längs der Hauswand und durch Gleitrollen gegen seitliche Gleitungen geschützt. (...)" Auf ungefähr 50 Winden habe man das Haus hochgehoben, berichtet Gerhard Kayser. „Und unten standen Arbeiter, die gekurbelt haben." Damit das Haus nicht vom Fundament gerissen wird, habe man es vor der Hebung praktisch unten abgeschnitten.

Und hatte Otto Schwarz denn keine Angst, dass sich ein ähnliches Unglück ereignen würde wie in Nagold? „Nein", sagt Gerhard Kayser. „Mein Großvater war der Meinung, einen sichereren Zeitpunkt könne es nicht geben, denn der Rückgauer passe nun sicherlich auf, dass es keinen weiteren Unfall gebe."

In der Tat: Die Rückgauer'sche Methode hat in Aalen gehalten. Auch nach mehr als 100 Jahren ist jeder Stein noch exakt dort, wo er hingehört.

Eva-Maria Bast

03

Ein Stück Holz – vielleicht das Endstück eines Pinsels – steckt im Fresko „Die Auferstehung" in der Stadtkirche.

Pinsel im Fresko
Wenn ein Maler wütend wird

Nanu? Wer in der Stadtkirche den Kopf hebt, um die Deckengemälde aufmerksam zu betrachten, der wird sich kurz darauf verwundert an selbigem kratzen. In einem der Gemälde steckt nämlich erstaunlicherweise ein Stück Holz. Was es damit auf sich hat? Kirchenmusikdirektor Thomas Haller weiß die hochamüsante Geschichte zu erzählen. Sie geht so:

Das Stück Holz – vielleicht ein Pinsel – am unteren Bildrand zu sehen.

Trotz der sonst stets geübten Sparsamkeit genehmigte der Aalener Rat im Jahr 1767 die Anbringung von drei Deckengemälden in der Stadtkirche.

Der namhafte Maler Anton Wintergerst wurde mit der Gestaltung der Fresken betraut und machte sich anno 1767 ans künstlerische Werk. Gemeinsam mit einigen Gesellen ging er mit seinem koloristischen und perspektivischen Können an die Arbeit. Einmal jedoch, so erzählen sich die wenigen Alt-Aalener, die die Geschichte noch kennen, sei er wütend auf seine Gehilfen geworden, weil sie nicht so arbeiteten, wie er es wollte, und habe seinen Pinsel nach ihnen geworfen. „Deshalb steckt der Pinsel heute noch im Deckenfresko der Auferstehungsszenerie", erzählt Thomas Haller. Jedes Mal, wenn er die knarrende Holztreppe auf die Empore hinaufgeht, treibt es ihm ein Schmunzeln ins Gesicht, ob der Dreidimensionalität im Fresko. Das Holzstück nämlich wirkt gleichsam wie die Verlängerung eines Lanzenstils des am Boden liegenden Soldaten. Ein wahrer Kunstgriff perspektivischer Darstellung!

In künstlerisch hochwertiger Form ist das bewegte und bewegende Geschehen des Ostermorgens auf dem Gemälde überzeugend zusammengefasst und geschildert. Der Betrachter wird zum unmittelbaren Augenzeugen des göttlichen Wunders. Den Mittelpunkt des Gemäldes bildet die aus einem von zwei Engeln geöffneten Sarkophag aufschwebende Gestalt Christi im Strahlenkranz mit Siegesfahne und Palmzweig. Ein rotes, um Schulter, Rücken und Unterleib flatterndes Gewand verstärkt die Bewegung. Grabwächter stürzen erschreckt mit erhobenen Händen zu Boden. Fünf Soldaten sind in einer perspektivischen Meisterleistung mit Helmen und Waffen dargestellt. Gerade hier muss Meister Wintergerst – wie oben beschrieben – die Wut gepackt haben.

Es gibt aber auch noch eine zweite überlieferte Geschichte, die sich um das Holzstück im Deckengemälde rankt, aber nicht belegt ist: Wintergerst habe dem Rat einige Entwürfe vorgelegt, bald jedoch sei der Maler, der als Katholik sonst mehr an Mariendarstellungen und Heiligenlegenden gewöhnt war, am Ende seiner Geduld gewesen und soll voller Wut ein Stück Holz ins Fresko geworfen haben: „Wenn's euch net passt, dann steck' ich den Pinsel dazu."

Thomas Haller findet beide Geschichten irgendwie amüsant. Fakt ist jedoch: In den Fünfzigerjahren wollte man das Holzstück bei Restaurierungsarbeiten entfernen. Es steckte aber so fest, dass man es an Ort und Stelle belassen musste.

Die Kraft der Kunst hat sich im wahrsten Sinne des Wortes durchgesetzt.

Sibylle Schwenk

So geht's zum Fresko:

Vom Aalener Marktplatz aus in die Dekanstraße oder Helferstraße einbiegen. Dort steht die Stadtkirche.

ALTES RATHAUS

Wo einst der Henker nächtigte: Natascha Euteneier erzählt die Geschichte vom Lehrermord.

Altes Rathaus

Der Henker zu Gast

Die Geschichte erinnert stark an Schneewittchen. Nur dass es nicht um Schönheit, sondern um Geld geht und dass nicht ein Apfel, sondern eine Wurst das todbringende Nahrungsmittel war: Es war anno 1819, als Johann Jakob Riesenmann und seine Frau Elisabetha Magdalena, denen in dieser Geschichte die Rolle der bösen Stiefmutter zukommt, nach Fachsenfeld zogen. Wie auch Schneewittchens Stiefmutter, wollten sie jemanden loswerden: Johann Jakob Riesenmanns Vorgänger im Amt. Aber nicht etwa, weil dieser schöner gewesen wäre als Riesenmann, sondern weil der neue Lehrer ihn auszahlen musste. „Es war damals üblich, den Vorgänger noch bis zu dessen Tod zu versorgen oder ihm eine Ablöse zu zahlen", erzählt Natascha Euteneier vom Städtischen Kulturamt. Das passte Johann Jakob Riesenmann freilich gar nicht. „Und da ersann das Ehepaar die sehr kühne, aber auch irrsinnige Idee, doch den Lehrer einfach zu ermorden", erzählt Euteneier. Die Eheleute beschlossen, den alten Mann mittels Arsen umzubringen. Allerdings nicht eigenhändig: So, wie Schneewittchens Stiefmutter einen Apfel vergiftet hatte, um die vermeintliche Rivalin damit zu töten, versetzte das boshafte Lehrerehepaar Würste mit Gift, brachte sie jedoch nicht selbst zu ihrem Opfer, sondern schickte ein junges Mädchen zum versorgungsberechtigten Vorgänger. „Damit der alte Lehrer nicht misstrauisch wurde, ließen sie ausrichten, es handle sich um ein Geschenk der auswärts verheirateten Tochter", erzählt Euteneier. Ein Apfel spielte – wie bei Schneewittchen – übrigens auch eine Rolle: Das Ehepaar versprach

> **So geht's zu den Relikten:**
>
> Das Alte Rathaus befindet sich am Marktplatz 4 in Aalen.
> Der Galgenberg (Hinrichtungsplatz) liegt am Ende der Aalener Galgenbergstraße im Bereich „Auf dem Galgenberg."

dem Mädchen, das die Würste überbringen sollte, einen Apfel als Beloh-nung für seine Dienste. Dieser war ebenfalls vergiftet. „Das Ehepaar wollte damit seine Zeugin beseitigen", erklärt Euteneier den mörderi-schen Plan. Allerdings erwiesen sich die Riesenmanns beim Vergiften des Apfels als lange nicht so geschickt wie Schneewittchens Stiefmut-ter. Der nämlich war es gelungen, den vergifteten Apfel besonders lecker aussehen zu lassen. Der Riesenmannsche Apfel aber wurde wegen des Giftes ganz schwarz. „Das Mädchen hat ihn deshalb nicht gegessen", sagt Euteneier. Der alte Lehrer jedoch verspeiste die Würste und seine Gattin aß mit. Für beide kam jede Hilfe zu spät.

Doch damit war die Geschichte nicht zu Ende: Auch das habgierige Lehrerehepaar musste sterben, berichtet Natascha Euteneier weiter: Es wurde des Mordes überführt und zum Tode verurteilt. Zunächst sei ihnen der Tod durch das Rad zugedacht worden. Eine wahrlich unschöne Todesart, bei der den Verurteilten die Halswirbelsäule gebrochen und der Brustkorb zerquetscht wird. Danach werden sie auf das Rad geflochten. Letztendlich wählte man für das Lehrerpaar aber einen sanfteren Tod: Zwei Jahre nach der Tat wurden sie mit dem Schwert hingerichtet.

Zweierlei erinnert in Aalen noch heute an die Schneewittchen-Geschichte: Der Galgenberg, auf dem die Hinrichtung stattfand, und das Alte Rat-haus. „Das war damals noch das Hotel Krone-Post", erklärt Natascha Euteneier. „Und da Aalen keine eigenen Henker hatte, wurden sie zu Hinrichtungen nach Aalen bestellt und logierten dort."

Ob sich die anderen Hotelgäste wohlgefühlt haben in der Nachbarschaft des Mannes, der die Aalener Variante der bösen Stiefmutter ihrer Strafe zuführte?

Eva-Maria Bast

IHR SEID NICHT VERGESSEN!

JOSEF ABELE   BRUNO ANGSTENBERGER
EDMUND DEUTSCHLE   HERMANN DICK
ALBERT EBERT   ANTON BRANDY
EUGEN GRESS   AUGUST HEBELE
ANTON HELLER   GEORG HERTAS
PIUS HERTAS   JOSEF HUEBER
PAUL HUEBER   WALTER HUEBER
KARL KITTEL   HUGO MAIER
ALBERT MAIER   EGON MAIER
JOSEF MAIER   NORBERT RETTENMAIER
KARL OFFINGER   REINHOLD MEHR
BERNHARD SCHLIPF   ALBERT STELZER
WILLI STICH   STEPHAN WINTER

UNSEREN GEFALLENEN
FREUNDEN
ZUM GEDENKEN
1939 ✠ 1945

Gedenktafel für die Gefallenen am Bildstöckle.

Braunenberg-Bildstöckle
Einst Treffpunkt – jetzt Gedenkstätte

Monsignore Sieger Köder gehört zu den berühmtesten Söhnen Wasseralfingens. Sein Werk durchzieht den Ort und die Region. Mit seiner kraftvollen und farbgewaltigen „Sprache" der Malerei zählt er zu den bekanntesten deutschen Krippenbauern und Malern christlicher Kunst des 20. Jahrhunderts. Seit einigen Jahren arbeitet Sieger Köder regelmäßig mit den Wasseralfinger Krippelesfrauen zusammen, und an Weihnachten 2011 wurde eine neue Krippe für St. Stephanus fertiggestellt: die Bildstöckles-Krippe. Zu der Landschaft, die diese Krippe umgibt, wurde Sieger Köder aber durch den Ort auf dem Braunenberg inspiriert, wo er mit der katholischen Jugend einst ein Bildstöckle errichtete. Es steht verborgen im Blätterwald und ist heute nahezu in Vergessenheit geraten. Für Sieger Köder jedoch hat es eine tiefe Bedeutung – erzählt es doch eine Geschichte von der Auflehnung der katholischen Jugend gegen die Hitlerjugend.

Nahaufnahme des Bild-
stöckles mit Sieger Köder.

Im Mai 1932 schlossen sich in Wasseralfingen einige junge Männer zu
einer „Sturmschar" zusammen. Ihre Ziele: christliche Lebensführung,
zeitgemäße Gottesdienstgestaltung und Kontaktpflege zu gleichgesinn-
ten Gruppen. Ab 1933 jedoch wurden ihre Aktivitäten durch die NSDAP
und die Hitlerjugend massiv gestört. Man sollte gar zur Hitlerjugend
abwandern. Das jedoch kam den Gefährten nicht in den Sinn, und so
fasste die Gruppe unter der Leitung von Edmund Deutschle den Beschluss:
„Wir schaffen uns im Wald ein Marienheiligtum."

Etwa einen Kilometer nördlich vom Naturfreundehaus, ganz nahe
beim Fernsehturm, befindet sich ein Steinbruch im weißen Jura, in
dessen Mitte sich ein kleiner Hügel erhebt. „Dort bauten wir unser
Bildstöckle", erinnert sich Monsignore Pfarrer Sieger Köder. Auf Trag-
bahren schleppten die jungen Männer schwere Findlingssteine herbei,
Zement und Sand wurden in Eimern vom Tal auf den Berg getragen,
Wasser für den Mörtel fand sich in Pfützen im Wald.

Einer der Gefährten, Edmund Maier, schnitzte ein Bildnis nach der Vor-
lage der Schönstatt-Madonna, und am 21. November 1934 weihte Präses
Vikar Sandel das Bildstöckle ein. Dieser Ort wurde zum Treffpunkt der
Jugendlichen bei Tag und immer öfter auch bei Nacht. „Natürlich nicht

unbemerkt", weiß Sieger Köder noch heute. Immer wieder hätte die Hitlerjugend versucht das Bildstöckle zu zerstören, und es gelang ihr schließlich auch im Sommer 1941. Doch davon ließen sich die Jungs nicht beeindrucken. Sepp Bauer, ein weiteres Mitglied der Katholischen Jugend, schnitzte wieder eine Madonna nach dem gleichen Vorbild, und am Christkönigsfest, dem 26.Oktober 1941, wurde das wieder aufgebaute Bildstöckle durch Vikar Steger eingeweiht.

So geht's zum Braunenberg-Bildstöckle:

Das Bildstöckle befindet sich unterhalb des Fernsehturms in Wasseralfingen. Vor dem Tor stehend, geht man zunächst nach rechts, dann die nächste Abzweigung links. Ein kleines Schild weist den Trampelpfad zum Bildstöckle.

Sieger Köder spricht von einem „Katz-und-Maus-Spiel" mit der Hitlerjugend, wenn er an den begehrten Platz auf dem Braunenberg denkt. Doch alsbald zeigte sich der Krieg auch für die standhaften Jugendlichen von seiner schlimmsten Seite. Die jungen Männer mussten an die Front, und aus der Gruppe um Sieger Köder sind 26 Freunde im Krieg gefallen. 1944 erstellte die Katholische Jugend zum Gedenken an diese gefallenen Kameraden ein schlichtes Birkenkreuz mit der Aufschrift „Unseren gefallenen Freunden". Von da an blieb das Bildstöckle unversehrt. Die Ehrfurcht vor den Gefallenen habe das Bildstöckle geschützt, erzählten sich die Wasseralfinger.

Nach dem Krieg und eigentlich bis heute wurde und ist das Bildstöckle wieder ein Treffpunkt für die „Übrig-Gebliebenen", wie Sieger Köder nachdenklich erzählt. Zwei Gedenksteine erinnern neben dem Bildstöckle an die Freunde, die im Krieg ihr Leben lassen mussten. Im Mai 2010 wurde eine Tafel mit den Namen der Opfer angefertigt und aufgestellt, zugleich der Platz neu gestaltet. Heute kümmert sich die Kolpingsfamilie Wasseralfingen um die Gedenkstätte am Bildstöckle. Für Sieger Köder wird es immer ein bedeutender Meilenstein seiner Jugend in Wasseralfingen sein.

Sibylle Schwenk

06

Wo Heidrun Heckmann jetzt steht, mussten sich einst undamenhafte Frauen der Ehrenstrafe unterziehen.

Haus mit dem Spionturm

„… geschlagen und gestoßen …"

Wenn sich heute zwei Frauen ankeifen, dann wird das üblicherweise achselzuckend als „Zickenkrieg" bezeichnet und keiner kümmert sich groß darum. „Aber im Mittelalter kamen Frauen, die sich stritten, nicht so leicht davon", erzählt Heidrun Heckmann, die sich intensiv mit der Geschichte der Frauen in der Stadt Aalen befasst hat. Gar zu streitsüchtigen Damen legte man eine Doppelhalsgeige an. „Die Streithennen waren gezwungen sich gegenüberzustehen und sich anzusehen, solange sie die Doppelhalsgeige trugen", sagt Heidrun Heckmann. Erst wenn die Frauen versprachen sich zu bessern, habe man sie wieder aus ihrer misslichen Lage befreit. Freilich wurde den Kontrahentinnen die Doppelhalsgeige nicht im trauten Heim angelegt. „Es handelte sich um eine Ehrenstrafe und diese wurden vor dem Haus mit dem Spionturm am Marktplatz vollzogen", erläutert Heckmann. Eine solche Ehrenstrafe wurde über eine Frau auch dann verhängt, wenn sie sich aufmüpfig gab. „Nach dem damaligen Verständnis war sie aber auch dann schon aufmüpfig, wenn sie sich gegen ein Unrecht, das ihr zugefügt worden war, wehrte", sagt die Kennerin der Frauengeschichte. Wagte die Frau es, ihrem Mann zu widersprechen, wurde sie aber keineswegs in eine Doppelhalsgeige gesteckt, sondern musste in der Öffentlichkeit eine Schandmaske tragen. Die großen Ohren der Schandmaske sollten signalisieren, dass sie alles hört, die Brille, dass sie alles sieht, die große Nase, dass sie sich überall einmischt, und der große Mund mit der langen Zunge, dass sie ungefragt ihre Meinung sagt. „Dazu wurde den Bestraften noch ein Schild umgehängt, auf dem beispielsweise stehen konnte: Dem Weib, das niemals schweigen kann, dem hängt man diesen Maulkorb an", erzählt Heckmann. Ein Mann, der sich ein derartig auf-

---

So geht's zum Spionturm:

Der Spionturm befindet sich in der Innenstadt in der Reichsstädter Straße 1 in Aalen.

müpfiges Gebaren seiner Frau gefallen ließ, erfreute sich freilich auch keiner großen Beliebtheit. Man betrachtete ihn als Feigling. Ganz besonders große Verachtung brachte man ihm entgegen, wenn er sich gar von seiner Frau schlagen ließ. „Dann wurde ihm das Dach abgedeckt", weiß Heidrun Heckmann. „Es sollte ein Symbol für die verlorene Männlichkeit sein und dafür, dass der Hausherr unter seinem Dach nichts mehr zu sagen hatte."

Meist aber waren es doch die Frauen und nicht ihre Gatten, die Opfer häuslicher Gewalt wurden. „Frauen hatten oft unter der Trunksucht ihrer Männer zu leiden", schreibt Karlheinz Bauer in seinem Aufsatz „Heilige, Hexe, Hure". Meist, erklärt Bauer, hätten die betrunkenen Männer ihre Frauen zu Hause verprügelt. „Wenn sich eine Frau dann hilfesuchend an den Rat der Stadt wandte, wurde der Fehler sofort bei ihr gesucht", empört sich Heidrun Heckmann. Manchmal hatten die Ratsherren aber Erbarmen und eilten der Gepeinigten zu Hilfe. So etwa, wie Karlheinz Bauer schreibt, als eine Metzgersfrau im Jahre 1777 ihren Mann vor dem Rat anklagte, „daß sie auf solche Art nimmer mit ihm hausen könne. Sie sei öfters bei ihm des Lebens nicht sicher und überdies führe er mit Saufen und Herumziehen in den Wirtshäusern fortan das liederlichste Leben. Letztens sei er von einem liederlichen Geschwätz ... hergekommen und habe sie geschlagen, und gestern (nachdem sie sich beim Bürgermeister beklagt hatte) habe er sie wieder geschlagen und gestoßen, daß sie noch die Schwielen davon aufweisen könne." Der Rat verurteilte den Mann „zur verdienten Korrektion" zu zwei Mal 24 Stunden im Feilturm. Und auch als 1775 ein Aalener Metzger einer Weißgerberin „zwei Maulschellen und böse Worte" gab, statt seine Schulden zu bezahlen, steckte der Rat den Mann ins Narrenhäusle.

Freilich gab es auch in Aalen Frauen, die als Hexen verfolgt wurden. Wie überall wurde ihnen eine wesentlich härtere als bloß eine Ehrenstrafe zuteil. Insgesamt sind zwischen den Jahren 1596 und 1616 in Aalen sieben Hexenprozesse bekannt. Manchmal, schreibt Karlheinz Bauer, habe man sich durch die Beschuldigung der Hexerei auch von ungeliebten Personen befreit. „Meist unter anschließendem Einzug ihres Vermögens." Den Angeklagten blieb kaum eine andere Möglichkeit, als ihr „Vergehen", das meist in irgendeiner Form mit dem Teufel in Verbindung stand, zuzugeben. „Wenn sie der grausamen Folter ein Ende bereiten wollten,

Vor diesem Haus mussten Frauen Buße tun.

mussten sie gestehen, was die Peiniger hören wollten", sagt Heidrun Heckmann.

Was dann kam, war keineswegs besser: Tod durch Verbrennen. „Da Aalen kein Geld hatte, wurden auch die Aalener Hexen in Ellwangen verbrannt", berichtet Heckmann. Doch selbst das war teuer: 1638 habe sich die Stadt Aalen von der Reichsstadt Giengen 1000 Gulden für die Verbrennung von Hexen geliehen.

„Die Anklagen waren meistens geradezu lächerlich", sagt Heckmann und erzählt die Geschichte einer Achtjährigen, des „Vältin Fischers zu Dettingen junges Töchterlein", die ausgesagt habe, von ihrer Großmutter zu verwerflichen Tänzen aufgefordert worden zu sein. Außerdem habe die Großmutter Pferde getötet, indem sie den Tieren Salbe aufstrich. „Und sich selbst hat das Kind beschuldigt, zwei Babys getötet zu haben."

Die alte Frau wurde hingerichtet. Was mit dem Mädchen geschah? „Aus den Akten geht nur hervor, dass der Pfarrer täglich mit ihr betete", sagt Heidrun Heckmann. Fest steht für sie: „War eine Frau als Hexe angeklagt, gab es fast kein Entrinnen mehr. Sobald sie in die Mühlen der Inquisition gekommen war, war ihr Todesurteil schon besiegelt."

Eva-Maria Bast

07

4 unten 1931

Ein Blick in den Quell-schacht am Heuchelbach.

Hochbehälter

Frische Quellen für die Aalener Bürger

Schilder mit der Aufschrift „Wasserschutzgebiet" weisen darauf hin, dass am Fuße des Aalener Hausbergs Langert gutes, gesundes Wasser fließt. Schon 140 Jahre tut dort der Hochbehälter Heuchelbach zuverlässig seinen Dienst. Etwas versteckt und unscheinbar sammelt er in seinen etwa fünf Meter tiefen Gründen das Wasser aus den Quellen des Langert und versorgt die Aalener mit frischem Quellwasser. Sieben bis 15 Liter pro Sekunde strömen aus dem Karst des Berges. „Früher war das nicht viel anders", weiß der Aalener Wasserexperte Wolfgang Schad. Was allerdings früher ganz anders war, das war die Art, wie das gute Wasser aus den etwa fünf Quellen des Langert in die Stadt geleitet wurde.

Im 16. Jahrhundert beschlossen Rat und Bürgerschaft, aus der Brunnenstube des Quellgebiets Heuchelbach Wasser zu entnehmen und über eine Deichelleitung in die Stadt zu leiten. Diese Leitungen bestanden aus zwei bis drei Meter langen Tannenholzstämmen, die mit einem so genannten „Deichelbohrer" durchbohrt wurden. Hierdurch floss das Wasser. „Die Deichel sind in einem Graben verlegt und nach außen mit Lehm abgedichtet worden", erzählt der Aalener Wolfgang Schad. Gespeist wurde damit der Brunnen vor dem Gasthaus „Schwanen". Wegen der schlechten Haltbarkeit des Holzes jedoch wurde 1859 der Beschluss gefasst, die hölzernen Leitungen durch Eisenrohre zu ersetzen.

So geht's zum Hochbehälter:

Der Hochbehälter Heuchelbach befindet sich auf der Aalener Osterbucher Steige an der Dr.-Georg-Kress-Straße. Von dort zweigt ein Feldweg am Schild „Wasserschutzgebiet" ab. Diesem Feldweg zu Fuß oder mit dem Fahrrad folgen. Nach etwa 500 Metern erreicht man den Hochbehälter Heuchelbach.

Wolfgang Schad vor dem
Hochbehälter Heuchelbach.

Der 4. Juli 1871 wurde zu einem bedeutenden Datum in der Geschichte der Wasserversorgung Aalens. Der weithin bekannte Wasserbautechniker Karl Ehmann übergab der Stadt eine von ihm geplante und unter seiner Obhut gebaute Wasserversorgungsanlage. Sie bestand aus einem Wasserbehälter mit 856 Kubikmeter Inhalt im Heuchelbachtal und aus gusseisernen Rohren von 200 Millimetern Durchmesser.

Mit der Inbetriebnahme der Wasserleitung aus dem Heuchelbach besaß die Stadt nun eine moderne Wasserversorgung, wie sie andere vergleichbare Städte erst Jahrzehnte später erhalten sollten. Weniger wegen akuten Wassermangels als aus Gründen langfristiger Vorsorge und um höher gelegene Wohnplätze mit einem besseren Wasserdruck versehen zu können, hat sich die Stadt Aalen 1926 entschlossen, ihr Netz an die Fernwasserversorgung der Staatlichen Landeswasserversorgung anzuschließen. In unmittelbarer Nachbarschaft des Hochbehälters Heuchelbach ist deshalb der Hochbehälter Osterbuch entstanden. Auch er fasst 800 Kubikmeter Wasser und ist der schönste unter den knapp 30 Hochbehältern des Stadtgebietes, wie Wolfgang Schad findet.

50 Prozent des Trinkwasservolumens für Aalen, und das liegt bei satten 8.000 bis 13.000 Kubikmetern am Tag, kommen von der Landeswasserversorgung. „Die andere Hälfte", sagt Wolfgang Schad, „ist unser eigenes Quellwasser. Kühle sieben bis neun Grad Celsius misst

Nahaufnahme
eines Deichels.

das Wasser aus dem Berg. Seine Qualität wird als sehr gut eingestuft. Nur die Wasserhärte macht zuweilen zu schaffen", erklärt der Wasserexperte.

Etwa 15 Quellen entspringen rings um Aalen aus dem Karst. „Das ist schon etwas Besonderes", kommentiert Wolfgang Schad. Es gebe nur wenige Städte, die bei der Bereitstellung von Frischwasser ausschließlich mit ihren eigenen Quellen auskommen, werde doch in den meisten Städten die Wasserversorgung durch Brunnenbohrungen sichergestellt. Die größten Quellgebiete für die Aalener Wasserversorgung liegen Richtung Ober- und Unterkochen. In Unterkochen gibt es ein Wasserwerk, in dem das Wasser aufbereitet und dann zu den Haushalten weitergeleitet wird.

Aalen und seine frischen Quellen: Der Hochbehälter Heuchelbach sorgt früher wie heute dafür, dass die Aalener in den Genuss dieses guten Wassers kommen.

Sibylle Schwenk

08

Fühlt sich an der Hauswand
des SchwäPo-Shops äußerst
wohl: der goldene Bär.

Goldener Bär

Ein Tier auf Wanderschaft

An dem Gebäude, in dem heute der SchwäPo-Shop beheimatet ist, hängt an der Hauswand ein prächtiger, goldener Bär. Warum er dort hängt, das ist den Aalenern wohlbekannt: In dem Haus befand sich einst die Gaststätte „Zum Bären", wovon auch ein an der Hauswand angebrachtes Schild kündet. Dass der Bär aber einen älteren Bruder hat, der von Aalen fortwanderte und dessen Platz der Bär am SchwäPo-Shop nun einnimmt, das ist nach Ansicht des Geschichtskenners und Verlegers Konrad Theiss wirklich noch ein echtes Geheimnis. Als die Schwäbische Post das Gebäude 1954 kaufte, ursprünglich um dort eine Druckmaschine einzurichten, wurde das Haus komplett

Konrad Theiss vor dem Haus, an dessen Wand sich der Bär befindet.

saniert. Diese Wirren muss der goldene Bär genutzt haben, um sich davonzuschleichen. „Erst Jahre später wurde er durch Zufall wiederentdeckt, und zwar in Ebnat am dortigen Gasthaus Bären", erzählt Konrad Theiss. Vermutlich wollte der Gasthaus-Bär sich nicht von Zeitungspapier und Druckerschwärze ernähren und vermisste die Gasthaus-Mahlzeiten ebenso wie die herrlichen Essensdüfte. Deswegen wollte man das wiederentdeckte Tier dann auch nicht zur Heimkehr zwingen. „Wir haben einen kleinen Bruder des Bären anfertigen lassen und diesen nun an der Hauswand angebracht", erzählt Theiss. Und weil der kleine Bruder von vornherein nicht durch Gasthaus-Essendüfte verwöhnt war, gefällt es ihm an seinem Platz auch ausnehmend gut.

Eva-Maria Bast

So geht's zum Goldenen Bären:

Die prachtvolle Tierskulptur befindet sich an der langen Seite des SchwäPo Shops in der Aalener Reichsstädter Straße 3 – 5.

09

Erwin Hafner am Jugendhaus
von Erwin Rommel.

Rommels Jugendhaus
Gedenken stößt auf Widerspruch

Die Stelle an der Hauswand, wo die Gedenktafel für Erwin Rommel angebracht war, ist immer noch sichtbar. Es ist die Wand des stattlichen Hauses in der Johann-Gottfried-Pahl-Straße, in dem Erwin Rommel seine Jugendjahre verbracht hat. Widersprüche um seine Person umwehen den tragischen Tod des „Wüstenfuchses".

Rommel wurde in Heidenheim am 15. November 1891 geboren, ist in Aalen aufgewachsen und – mit knapp 53 Jahren – am 14. Oktober 1944 im Auto zweier Generäle Hitlers in Herrlingen bei Ulm durch eine Giftampulle gestorben. Die hat er selbst eingenommen. Im Zuge der Untersuchungen zu Schenk von Stauffenbergs Attentat auf Hitler wurde Rommel vor die Alternative gestellt: Freitod oder Volksgerichtshof.

„In 85 Minuten spielte sich dann eines der perfidesten Verbrechen des NS-Regimes ab", berichtet Erwin Hafner, der sich intensiv mit dem „Mythos Rommel" beschäftigt hat. Weil Rommel wusste, dass er das Tribunal in Berlin niemals lebend erreichen würde, kapitulierte der Generalfeldmarschall, der vor dem Gegner nicht klein beigegeben hatte, jetzt vor den Sendboten Hitlers: General Wilhelm Burgdorf, Hitlers Chefadjutant, und General Ernst Maisel, Chef für Ehrenangelegenheiten im Heerespersonalamt. Sie legten Rommel das ihn aus Sicht der Nationalsozialisten belastende Material vor. Es blieben ihm genau 15 Minuten. „In einer Viertelstunde bin ich tot", sagte er zu seiner Frau und schilderte ihr Hitlers Ultimatum. Nach kurzem Abschied schluckte Erwin Rommel im Auto das Gift, das ihm die Generäle ausgehändigt hatten. Dass später verbreitet wurde, Marschall Rommel sei an einem Herzschlag gestorben, sollte die wahre Todesursache wohl ebenso verdecken wie das sorgfältig inszenierte Staatsbegräbnis. Sein Ruf aber bleibt widersprüchlich: Einerseits machte er unter Hitler Karriere, andererseits wurde ihm zur Last gelegt – und genau deshalb musste er sterben – er kenne die Widerstandsbewegung und toleriere sie.

Als Sohn eines Mathematik-Professors verbrachte der schüchterne Junge Erwin Rommel seine Kinderzeit unter dem Hellenstein. 1896 zog die Familie nach Aalen, wo Vater Erwin Rommel vierzehn Jahre lang, von 1898 bis 1912, Rektor des Aalener Real-Progymnasiums und der Realschule war, aus der später das Schubart-Gymnasium hervorging. Erwin Rommel selbst besuchte die Lateinschule in der Schulstraße (heute: An der Stadtkirche). Er fand Freude am Sport: Radfahren und Skilaufen, Ringen, Schwimmen und Fechten. Dazu kam eine besondere Begabung für Mathematik. In dieser Zeit wohnte Erwin Rommel in der Johann-Gottfried-Pahl-Str. 3 (früher Metzgerei Meidert, heute Sanitätshaus Leicht) und verbrachte dort seine Jugendjahre. Auf dem Gewann unterhalb des heutigen Hallenbades sorgte er für Aufsehen, als er mit seinen

Klassenkameraden ein Segelflugzeug baute. 1908 wechselte er kurz vor dem Abitur an das Realgymnasium Schwäbisch Gmünd.

1910 trat er in die Württembergische Armee und vor dem Ersten Weltkrieg in die Kriegsschule Danzig ein und war im neu aufgestellten Württembergischen Gebirgsbataillon als Kompanieführer tätig. Für seine Husarenstücke auf rumänischen und italienischen Kriegsschauplätzen erhielt er den Orden „Pour le Mérite". Ein Ruf eilte ihm voraus: Wo Rommel ist, da ist die Front. Als Reichswehroffizier wurde er 1933 Major, im Zweiten Weltkrieg zunächst Kommandeur des Wachbataillons im Führerhauptquartier. Den größten Ruhm und seinen Beinamen „Wüstenfuchs" aber brachte ihm die Führung des Afrika-Korps, das er trotz des Führerbefehls „Kampf bis zum letzten Mann" nach unhaltbar gewordener Lage in geordnetem Rückzug in Gefangenschaft führte. Rommel, der bisher immer Hitlers militärisches Verständnis bewundert hatte, musste erkennen, dass der „Führer" seine Lagebeurteilungen nach anderen Kriterien vornahm als er selbst. Während Rommel seine eigenen Einschätzungen nach militärstrategischen Gesichtspunkten bewertete, sah er bei Hitler ideologische Gründe vorherrschen. Ungewöhnlich scharf verurteilte er Hitlers Agieren in Bezug auf Nordafrika. Rommel-Biograf Ralf Georg Reuth zitiert ihn in seinem Buch: „Mir wurde klar, dass Adolf Hitler die wahren Verhältnisse nicht sehen wollte und sich gefühlsmäßig gegen das wehrte, was ihm sein Verstand sagen musste."

Es kam der 20. Juli 1944. Rommel war Chef der Invasionsfront in der Normandie. Die Männer um Stauffenberg hatten Anschluss bei ihm gesucht und womöglich gefunden. Nach einer Verwundung weilte er in Herrlingen, als ihn die Generäle Hitlers mit dem Ultimatum aufsuchten. Man warf ihm vor, er hätte sich bereit erklärt, nach Hitlers Beseitigung den Posten eines Oberkommandierenden der Wehrmacht zu übernehmen. Nach wie vor herrscht keine Einigkeit darüber, ob Rommel von dem konkreten Attentatsplan gewusst hat.

„Der damalige Bürgermeister Dr. Karl Schübel, der Rommel zu all seinen militärischen Erfolgen ebenso gratulierte wie zu dessen Geburtstagen, wollte dem als ‚Sieger von Tobruk' zum Generalfeldmarschall beförderten Ehrenbürger ein Gemälde mit einem Aalener

Motiv zum Geschenk machen", weiß Erwin Hafner. Bei der Auswahl der Künstler wandte sich Schübel eigens an das „Haus der Deutschen Kunst" in München, das im Jahr 1942 eine große Ausstellung mit systemkonformen Malern ausgerichtet hatte. Seine Wahl fiel auf den im württembergischen Sersheim lebenden Künstler Walter Strich-Chapell, an den er sich mit einem Schreiben wandte. In den nächsten Wochen verfolgte das Stadt-

So geht's zum Jugendhaus von Erwin Rommel:

Das Haus, in dem Erwin Rommel aufgewachsen ist, befindet sich in der Johann-Gottfried-Pahl-Straße 3 in Aalen. Der schöne ausgebaute Erker fällt an dem Eckhaus auf.

oberhaupt die Fertigstellung des Gemäldes. Inzwischen hatte sich auch Erwin Rommel zum bevorstehenden Geschenk geäußert: „Mit dem in Aussicht gestellten Gemälde mit dem Motiv aus Aalen bereitet die Stadt Aalen mir eine große Freude. Dieses Gemälde wird mich stets an die schönen Jugendjahre in Aalen erinnern."

In der Schwäbischen Post vom 15. November 1966 steht zu lesen: „ (...) Die Stadt Aalen hat ihrem großen Sohn nach dessen militärischen Erfolgen das Ehrenbürgerrecht verliehen. Heute erinnert in Aalen an den Mann, den Hitler in den Tod zwang, eine nach ihm benannte Straße im Hüttfeld und sein Name im Mahnmal auf der Schillerhöhe. Eine Ausstellung von Gedenkmedaillen mit dem Bildnis des Generalfeldmarschalls wird im Schaufenster der Aalener Volksbank gezeigt."

„An seinem einstigen Wohnhaus in der Johann-Gottfried-Pahl-Straße befand sich lange eine Hinweistafel auf Erwin Rommel", weiß Erwin Hafner. 2011 ist sie – vermutlich gewaltsam – entwendet und seither nicht mehr ersetzt worden. Die einen sehen in Erwin Rommel den Kriegsverbrecher und eine populäre Propagandafigur Hitlers neben Goebbels. Die anderen glauben, dass Rommel ein Militärstratege war, der mit einer gewissen Naivität dem Nazi-Regime folgte, ohne dessen verbrecherisches Gedankengut wahrhaben zu wollen.

Sibylle Schwenk

Sehr zum Wohle – Ulrich Pfeifle und seine Vorgänger sorgten dafür, dass die Wirtshaus-Gerechtigkeit im Alten Rathaus erhalten blieb.

Altes Rathaus

Sehr zum Wohle in heiligen Hallen

Ein Schlückchen in Ehren kann bekanntlich keiner verwehren. Es sei denn, das Schlückchen wird gewerblich in einem Gebäude ausgeschenkt, in dem es kein Schankrecht gibt. Dann kann es gewaltig Ärger mit den Behörden geben. Kein Wunder, dass das Schankrecht nicht hergeben will, wer es einmal hat. Doch um es zu behalten, müssen bestimmte Auflagen erfüllt sein. Diese einzuhalten, war den Stadtvätern lange Zeit eine große Freude, seit aus dem einstigen Gasthaus und Hotel Krone-Post 1907 das (heute Alte) Rathaus wurde. „Denn nach altem Recht", erzählt Alt-OB Ulrich Pfeifle, „konnte das Schankrecht nur aufrechterhalten werden, wenn ein Mal im Jahr bewirtet wird. Also hat die Stadt einmal jährlich eine Wirtschaft und ein Hotelzimmer im Rathaus eingerichtet." Pfeifle war noch nicht OB, als dieser Brauch ins Leben gerufen wurde. Aber er hat ihn gern von seinen Vorgängern übernommen, auch wenn er bei seinem Amtsantritt 1976 gleich ins neue Rathaus zog. „Ein paar Jahre haben wir das noch so weitergemacht", erinnert sich Pfeifle. „Das war immer eine riesige Gaudi."

Verfügten die einstigen Stadtoberhäupter über hellseherische Fähigkeiten, als sie für die Erhaltung besagter Gerechtigkeit sorgten? Heute befindet sich tatsächlich ein Café im Erdgeschoss des Alten Rathauses. Das so mühevoll erhaltene alte Recht dürfte den heutigen Pächtern zwar nichts mehr nutzen. Aber das konnten die Stadtväter damals nicht wissen. Und kaum einer, der hier in der Sonne sitzend ein kühles Bier genießt, ahnt wohl, wie sehr sich Aalens Bürgermeister früher rein prophylaktisch dafür eingesetzt haben, dass diese angenehme Entspannungsmöglichkeit erhalten bleibt.

Eva-Maria Bast

> **So geht's zum Alten Rathaus:**
>
> Das Alte Rathaus befindet sich am Marktplatz 4 in Aalens Innenstadt.

Das Grabmal von Franz Dopfer
auf dem Wasseralfinger Friedhof.

Dopfersteine

Eine frühe Form von modernem Recycling

Die Farbe des Steins kann gar nicht so genau beschrieben werden. Sie bewegt sich irgendwo zwischen Braun, Grau und sandigem Beige. Dennoch prägt er das Wasseralfinger Stadtbild. Als imposantestes Wahrzeichen dieses Steines und als erste Kirche komplett damit erbaut, erhebt die Stephanuskirche diesen geheimnisvollen Ziegelstein in höhere Sphären. Es ist der so genannte Dopferstein, dem der Wasseralfinger Ortskern sein Gesicht verdankt. Seine Geschichte geht in die Mitte des 19. Jahrhunderts zurück.

Anton Dopfer war Maurermeister. Als er 1822 in Wasseralfingen geboren wurde, waren seine Berufswege bereits vorgezeichnet von einer „Dynastie", die mehrere Generationen lang mit Baumaterialien umging und sich ihrer Herstellung verschrieben hatte. Zunächst waren es Dachziegel, denen die Aufmerksamkeit der Dopfers galt. Und auch Antons Sohn Franz, der 1843 das Licht der Welt erblickte, faszinierte die Beschaffenheit von Steinen. Mit Akribie arbeitete er daran, einen besonders beständigen Baustein zu erfinden. Und da kam ihm eine geniale Idee: „Franz Dopfer nutzte neben Kalk- und Sandstein die Schlacke, die in den Hochöfen der Erzgewinnung als Abfallstoff übrig blieb", beschreibt der Wasseralfinger Erik Hofmann und ergänzt, „man kann von einem modernen Recyclingverfahren sprechen, denn die Schlacke wäre ja sonst zu nichts nütze gewesen."

Die Stephanuskirche ist aus Dopfersteinen erbaut.

In einem einzigartigen Prozess des Mahlens, der Erhitzung und des Drucks gelang es Franz Dopfer, aus diesen drei Haupt-Ingredienzien einen Stein herzustellen, der sich gleichermaßen als überaus hart und wetterbeständig erwies. Der Dopferstein war geboren und wurde ab dem Jahr 1874 in der Dampfziegelei Dopfer in großen Mengen hergestellt. Weil der Ziegelstein mit der eigenartigen Mischfarbe in seiner Herstellung auch verhältnismäßig günstig war und Wasseralfingen in dieser Zeit dank der Verhüttung

So geht's zum Dopfer-Grabmal und zur Dopfer-Villa:

Das Grabmal von Franz Dopfer befindet sich auf dem Wasseralfinger Friedhof. Die Dopfer-Villa steht in der Wilhelmstraße, Richtung Aalen. Sie ist das erste historische Gebäude gleich nach der Abzweigung Stiewingstraße. Die Stephanuskirche erhebt sich in der Ortsmitte.

eine wahre Blütezeit erlebte, wurde Franz Dopfer mit der Belieferung zum Bau fast aller öffentlichen Einrichtungen, die zu dieser Zeit entstanden, beauftragt. Die Stephanuskirche gehört dazu, die im Jahr 1883

Erik Hofmann am
Grabmal Dopfer.

fertiggestellt wurde. Aber auch die evangelische Magdalenenkirche
(1894), die Friedhofsmauer und die Friedhofskapelle (1980 abgebrochen)
sowie beide Pfarrhäuser von 1894 und 1905 sind komplett aus Dopfersteinen gemauert. Ganze Straßenzüge und alle Schulen aus dieser Zeit,
wie etwa die damalige Uhlandschule (1884; heute Bürgerhaus) oder die
Schillerschule (1911; heute Weitbrechtschule) in Wasseralfingen entstanden aus Dopfersteinen. Gleiches galt für das Rathaus von 1901 – das
Geburtshaus von Künstlerpfarrer Sieger Köder. Weil die Produktion der
Dopfersteine eine einzige Erfolgsgeschichte schrieb und auch andere
Städte wie Ellwangen, Heidenheim oder Crailsheim den Wert des robus-
ten Wasseralfinger Steingemischs erkannten, erweiterte Franz Dopfer im
Jahr 1882 sein Unternehmen und übernahm gemeinsam mit Heinrich
Zeller die alte Ziegelhütte auf dem heutigen Gelände der Alfing-Werke.

Mit der Stilllegung des Hochofens im Jahr 1925 fehlte Franz Dopfer der
wertvolle Abfallstoff, dieser wichtige Bestandteil in seinem Stein, dessen
genaues Rezept noch heute nicht erforscht ist. Im gleichen Jahr wurde
daher die Produktion der Dopfersteine, die bereits vor dem Ersten Weltkrieg erlahmt war, eingestellt. Franz Dopfer verstarb drei Jahre später
und wurde auf dem Wasseralfinger Friedhof beerdigt: Sein Grab ist mit
seinen Steinen eingefasst.

Sibylle Schwenk

Im Turmzimmer lebte einst der Türmer.

Turm

Ein wachendes und ein schlafendes Auge

Heute lebt keiner mehr dort oben, im Turm der Stadtkirche. Ein hervorragend funktionierendes Sicherheitssystem von Polizei und Feuerwehr hat die Arbeit des Mannes abgelöst, der dort oben wohnte und

Eugen Hafner vor dem Turm der Stadtkirche.

wachte: der Turmwächter. Über Jahrhunderte hinweg war es die Aufgabe des Turmwächters, wachsamen Auges über die Stadt zu spähen, um sofort zu melden, wenn irgendwo ein Feuer ausbrach. Woher die Bürger wussten, dass die Türmer auch wirklich ein wachendes und kein schlafendes Auge hatten? „Der Turmwächter wurde vom Nachtwächter kontrolliert", erzählt Historiker Dr. Eugen Hafner. „Wenn der Nachtwächter drunten auf der Straße in seine Trompete geblasen hat, musste der Turmwächter ihm antworten." Und es gab noch eine zweite Überprüfungsmethode: „Der Turmwächter musste den Glockenschlag alle viertel Stunde per Hand nachschlagen", weiß Eugen Hafner. Ertönte kein Nachschlag über Aalen, konnten die Bürger davon ausgehen, dass den Turmwächter der Schlaf ereilt hatte. Ein Vergehen, das vom Rat streng bestraft wurde. Einen Türmer namens Rieder steckte der Rat im November 1782 ins Narrenhäusle, weil er das Nachschlagen versäumt hatte. Eine verhältnismäßig harte Strafe, aber wie aus den Ratsprotokollen hervorgeht, musste sich der Rat mit dem „Turm Rieder" auch ansonsten ziemlich herumschlagen. Am 19. Februar 1782 ermahnte man den Turmwächter, er solle „das Kirchendach und Gebäude nicht durch Beschüttung mit Wasser und anderem Unrat beschädigen", und am 12. Juli desselben Jahres „hatte er mit seinem Weib einen solchen Tumult gehabt, dass eine Unruhe darüber und ein Zusammenlaufen der Leute entstand". „Turm Rieder" wurde festgenommen und bekam öffentlich 15 Prügel verabreicht, „weil er sein Weib gestern mit Schlägen mörderisch traktiert". Außerdem verbot man ihm bei Androhung, ihn seines Amtes zu entheben, in den Gaststätten zu verkehren.

Generell, schreibt Kreisarchivar Dr. Bernhard Hildebrand, wurden Wachvergehen streng bestraft. Eine Strafordnung habe es in der Reichsstadt Aalen aber nicht gegeben, der Rat habe von Fall zu Fall entschieden, sich aber nicht gescheut hart durchzugreifen. Schließlich waren die Nachtwächter und die Turm-

So geht's zum Turm:

Der Turm der Stadtkirche befindet sich mitten in Aalen in der Straße „An der Stadtkirche".

wächter für die Sicherheit in der Stadt zuständig (siehe Geheimnis 28) – übersahen sie zum Beispiel den Ausbruch eines Brandes, konnte das schlimme Folgen haben.

Nachtwächter gibt es in Aalen noch heute. Oder besser gesagt: auch heute wieder. Sie sind aber nicht dafür da, jemanden zu kontrollieren. Ihre Aufgabe ist es ausschließlich, die Leute zu erfreuen. Und der Obernachtwächter, das ist Eugen Hafner, der sich vor einigen Jahren dafür stark machte, die Tradition der Nachtwächter in Aalen wieder aufleben zu lassen. In Mantel und Hut, mit Horn und Hellebarde wandeln Eugen Hafner und seine Männer regelmäßig durch die Stadt. Die Gefahr, dass sie dabei einschlafen, besteht so gut wie nicht. Aber sollte das doch mal der Fall sein, haben sie nichts zu befürchten. Ganz im Gegensatz zu den „echten" Nachtwächtern, die vor über 200 Jahren ihren Dienst taten. Am 7. November 1782 legte das Ratsprotokoll Zeugnis darüber ab, dass nicht nur eingeschlafene Turmwächter, sondern auch schlummernde Nachtwächter mit Strafen zu rechnen haben. „Da kürzlich in der Nacht zwischen 12 und 1 Uhr Herr Enßlin des Geheimen Rats den Stadtsoldaten Nickolaus Hepp auf seinem Wachposten vor dem Rathaus schlafend angetroffen, so wurde derselbe heute wegen diesen selbst nicht abgeleugneten groben Versehens zu 15 Prügel Straf neben einem Verweis seiner sonstigen Ungezogenheit condemniert."

Eva-Maria Bast

47

Unter diesen Steinen – mitten in der Stadt – liegen vermutlich Gebeine längst verblichener Aalener.

Mittelalterlicher Friedhof

Gebeine mitten in der Stadt

Es ist schon ein wenig skurril: Unter dem massiven Kopfsteinpflaster, dort, wo heute das Leben pulsiert und die Straßencafés um die schönsten Plätze buhlen, liegen vermutlich Gebeine von lang verblichenen Aalener Bürgern. Denn rund um die evangelische Stadtkirche St. Nikolaus fanden im Mittelalter viele Aalener ihre letzte Ruhestätte. „In den 90er-Jahren stieß man bei Renovierungsarbeiten auf einzelne Knochen", erzählt der Alt-Aalener Fritz Walter. Keinen Meter tief unter dem jetzigen Pflaster. Während die südliche Seite an der Stadtkirche bereits ausgehoben und neu befestigt wurde, dürfte sich das nördliche Gelände vorwiegend noch im Originalzustand befinden, berichtet Fritz Walter.

Zur Zeit des Mittelalters war es durchaus üblich, den Friedhof direkt um die Kirche herum anzusiedeln. So verhielt es sich auch in Aalen. Um das Jahr 1500 wurde der Friedhof dann aus der Stadt heraus zur St.-Johann-Kirche verlegt. Es gab dafür verschiedene Gründe. Zum einen war die von den Leichen ausgehende Seuchengefahr für die Bevölkerung zu groß, so dass nur durch eine Verlegung aus der Stadt heraus diese unmittelbare Gefahr gebannt werden konnte. Außerdem war der von einer Stadtmauer geschützte Grund in einer Stadt sehr begrenzt und sollte doch den Lebenden dienen.

Über die Brühlwiesen, die sehr oft durch Überschwemmungen nahezu unpassierbar waren, mussten die Verstorbenen transportiert werden, hin zum Gebiet der Maueräcker rund um die St. Johann-Kirche. Ein Knüppeldamm wurde angelegt, damit die Gottesdienstbesucher und Trauergemeinden halbwegs trockenen Fußes auf den Friedhof kamen. Der Damm bestand aus massiven Holzstämmen, die aufeinandergelegt wurden und dadurch einen erhöhten Weg ergaben. Aus dieser Zeit stammt auch der in einigen Windungen verlaufende Weg der heutigen Friedhofstraße.

Und um den Verlauf dieser Friedhofstraße rankt sich ein weiteres Geheimnis: Im Jahr 1712 verstarb in Aalen Freifrau Louisa Elisabetha von Bouwinghausen und Walmenrot. Sie war die Gemahlin des Obervogtes und befand sich auf dem Heimweg von einer Reise nach Ansbach. Eine plötzliche Erkrankung ließ sie im Gasthof zur „Güldenen Krone" (heute das Alte Rathaus) Station machen. Indes – die Freifrau erholte sich nicht und verstarb. Weil sie die Aalener „Straßenverhältnisse" jedoch kannte, verfügte sie auf dem Totenbett die Stiftung eines befestigten und erhöhten Weges zum Friedhof, der aber durch ihren raschen Tod noch nicht rechtzeitig zu ihrem Begräbnis gebaut werden konnte. Der von ihr gestiftete Totenweg durfte bis 1881 ausschließlich von Leichenzügen genutzt werden und wurde „Altes G'stift" genannt.

Zurück zur City und dem Friedhof. Fritz Walter vermutet, dass „noch einiges an Gebeinen" rund um die Stadtkirche zu finden ist. „Irgendwann", so sagt er, „muss das Kopfsteinpflaster erneuert werden." Diese Grabungen werden sicher spannend!

Sibylle Schwenk

So geht's zur Stadtkirche und zum mittelalterlichen Friedhof:

Die Stadtkirche steht in der Straße „An der Stadtkirche". Unter dem Pflaster rund um das Aalener Gotteshaus befinden sich die mittelalterlichen Gebeine.

Einsam und verlassen: Der Schlegel-Saal, in dem einst Clara Zetkin sprach.

Schlegel-Saal

Clara Zetkin sorgt für Wirbel

Verlassen und fast ein wenig einsam wirkt der Schlegelsaal in Wasseralfingen. Lange schon haben auf seiner Terrasse keine plaudernden, lachenden Menschen mehr gesessen, lange schon ist es still geworden in seinem Inneren. Dabei war das Gebäude einst Mittelpunkt einer aufsehenerregenden Versammlung: „Hier sprach im Mai 1898 die Friedensaktivistin und Frauenrechtlerin Clara Zetkin (1857–1933)", erzählt die Wasseralfingerin Heidrun Heckmann. Als Zetkin nach Aalen kam, war sie noch SPD-Mitglied und vertrat eine revolutionär-marxistische Haltung. 1917 wechselte sie zur USPD, einer Abspaltung der SPD. Hier gehörte sie der Spartakusgruppe an, die 1918 in „Spartakusbund" umbenannt wurde. Später war Zetkin ein bedeutendes Mitglied der Kommunistischen Partei Deutschlands (KPD): Während der Weimarer Republik war sie Reichstagsabgeordnete der KPD. „Hätten die Aalener damals schon gewusst, welche Karriere Zetkin einst machen würde, hätten sie sich über ihren Besuch vermutlich noch mehr aufgeregt", kommentiert

Heckmann. Schon ein Jahr bevor Clara Zetkin im Schlegelsaal sprach, war sie, am 30. Mai 1897, nach Aalen gekommen, um – damals im heute nicht mehr vorhandenen Spritzenhaus – zum Thema „Der wirtschaftliche und politische Kampf der Arbeiterklasse" zu referieren. „Ihr Ziel war die Chancengleichheit und die Einführung des Acht-Stunden-Tages zum Wohle des Familienlebens", erzählt Heckmann. Stadtschultheiß Julius Bausch fand es recht irritierend, eine Frau derart große Worte schwingen zu hören. In seinem Tagebuch schreibt er: „Am 30. Mai 1897 kam es in Aalen wohl erstmals vor, dass eine Frau als Rednerin in einer öffentlichen Versammlung auftrat." Bausch unterstrich seine Verblüffung mit den Worten: „Ja, ja, der Zukunftsstaat beglückt die Menschheit mit viel absonderlichen Dingen."

Und genau ein Jahr später richtete Clara Zetkin das Wort erneut an die Bewohner der Ostalb, dieses Mal in eben jenem Schlegelsaal in Wasseralfingen, um den es jetzt so still geworden ist. Sie sprach über „Die bevorstehende Reichstagswahl und die Sozialdemokratie."

Einem Leser der Kocherzeitung behagte das Kommen der Clara Zetkin so gar nicht, was er in einem Leserbrief zum Ausdruck brachte: „Es muss nicht mehr rosig stehen um die Sozialdemokratie dahier", wetterte der Schreiber und schlug vor, die Versammlung, zu der ausdrücklich nicht nur Arbeiter, sondern auch Arbeiterinnen eingeladen waren, von halb acht Uhr abends auf Mitternacht zu verlegen: „Das wäre jedenfalls noch günstiger, wenigstens für die allenfallsigen Arbeiterinnen, die angelockt werden sollen, sie könnten dann um so ungenierter

Heidrun Heckmann vor dem Schlegel-Saal.

**So geht's zum
Schlegel-Saal:**

Der Schlegel-Saal befindet
sich in Wasseralfingen in der
Schlegelstraße 1.

ihrer Wege wandeln." In die Aalenerinnen hatte der Verfasser des Briefes aber augenscheinlich Vertrauen: „Indes haben gottlob unsere Frauen und Mädchen noch genug weiblichen Sinn und auch Schicklichkeits- und Anstandsgefühl, dass sie nicht Samstag nachts Versammlungen nachlaufen, in denen ein emanzipiertes Frauenzimmer über Dinge spricht, die Frauenpersonen nichts angehen." Auch ging er davon aus, dass die Arbeiter „noch so viel Charakter und männliches Ehrgefühl" haben, „dass sie von einer Frau, und wäre es die Frau Clara Zetkin aus Stuttgart, Belehrungen über wichtige politische Fragen sich nicht geben lassen wollen. Jeder mannhafte Arbeiter sieht eine diesbezügliche Einladung als das an, was sie für ihn ist, als eine Herabwürdigung, als eine Beleidigung."

Übrigens: Die Kocher-Zeitung berichtete nicht über die von Clara Zetkin einberufene Versammlung. „Was Frauen zu sagen hatten, hielt man damals noch für zu belanglos, vielleicht wurde es auch absichtlich totgeschwiegen", sagt Heidrun Heckmann. Clara Zetkin dürfte das freilich kaum gestört haben: Sie wusste sich im Laufe ihres Lebens durchaus Gehör zu verschaffen. Auch ohne einen Bericht in der Kocher-Zeitung.

Eva-Maria Bast

In der ganzen Innenstadt stehen Reste der Stadtmauer – hier hinter dem Alten Rathaus.

Stadtmauer-Reste
Eisensandstein-Wehrgang in 1518 Schritten

Nein, eine durchgehende Mauer, die die Stadt einfasst, gibt es in Aalen natürlich nicht mehr. Heute wirkt die Stadt offen und einladend, und allenfalls ein paar Straßenbezeichnungen erinnern daran, dass die heutige Ostalbmetropole – ganz im Verständnis einer mittelalterlichen Stadt – ummauert war. Reste der Stadtmauer sind heute allerdings durchaus noch zu finden und ihr einstiger Verlauf lässt sich auch noch gut nachvollziehen. „Die Linie, wo die Stadtmauer verlaufen ist, wird auch an dem hellen Pflaster auf dem Boden deutlich", berichtet der Alt-Aalener Fritz Walter.

Am Marktplatz etwa, zwischen den Gebäuden Marktplatz 22 und Marktplatz 26, steht noch ein gut sichtbares, imposantes Stück Stadtmauer. Helle Pflastersteine zeigen den Verlauf der Stadtmauer in Richtung Östlicher Stadtgraben an. Auch am ehemaligen Flurschützenhaus in der Rittergasse 13 finden sich noch Stadtmauerreste. Und deutlich zu erkennen ist die Stadtmauer noch in unmittelbarer Nachbarschaft zum Gebäude Rittergasse 17: „Die Doppelwandigkeit der

Stadtmauerreste finden sich an vielen Stellen in Aalen.

Stadtmauer ist hier noch gut sichtbar", erklärt Fritz Walter. In der Mitte wurde die Mauer mit Steinresten aufgefüllt.

Profitiert haben oft auch die Häuslesbauer. Nicht selten benutzten sie die Stadtmauer, um sich eine Wand im Haus zu sparen. Auch das Gebäude Beinstraße 6 ziert im hinteren Bereich ein Stück Stadtmauer, die sich in all ihrer Masse zeigt. Noch mehr Stadtmauersteine hat der Durchgang zur Storchengasse zu bieten, und sowohl im Gebäude Radgasse 1 als auch im Hinterhof befinden sich noch große Stadtmauerreste, die einladen, darauf zu verweilen und von früheren Zeiten zu träumen. Und wer beim Essen einmal das Ambiente vergangener Zeiten genießen will, kann sich gemütlich in die Tiefen des Gebäudes der Gmünderstraße 3 begeben, wo ein italienisches Restaurant Leckereien anbietet. Die Stadtmauer bildet eine Wand des Restaurants.

Nach den ältesten bildlichen Darstellungen war die Stadt Aalen durch einen mit sieben Türmen bewehrten, starken Mauerring befestigt. Die Mauern waren aus Eisensandsteinquadern erbaut, etwa 6 Meter hoch und 1,50 bis 1,60 Meter dick. Die Höhe des umlaufenden Wehrgangs betrug 2 Meter, ihre Fundamenttiefe 1,80 Meter. Die Gesamtlänge der Ringmauer belief sich auf „1518 Schritte" oder 990 Meter. Sie umschloss eine Fläche von 5,3 Hektar. Die Stadtmauer war als einfacher Mauerring ausgebildet. Ringsum verliefen zwei konzentrisch gelegte Wassergräben, denen sich westlich noch zwei Arme des Kocherlaufes zugesellten. Zwischen den beiden Wassergräben erhob sich ein mächtiger Ringwall, dessen Verlauf noch heute durch die Straßenbezeichnungen Nördlicher, Südlicher, Östlicher und Westlicher Stadtgraben erkennbar ist.

Der Grundriss Alt-Aalens fiel schon immer wegen seiner Regelmäßigkeit auf: Ein rechtwinkliges Parallelogramm mit einer etwas schräg verschobenen, schmalen Seite Richtung Norden. Diese Regelmäßigkeit gilt als ein Indiz dafür, dass der Gründung der Stadt Pläne zugrunde lagen. Die Stadtanlage war streng schematisiert und zeigt in der Straßenführung und der Anordnung ihrer Wohnquartiere eine gewisse Gleichförmigkeit. Der Mauergürtel steht als Kennzeichen einer mittelalterlichen Stadtgründung: Er dokumentiert den autonomen Bereich der Bürgerschaft, gewährleistet den Marktfrieden und verleiht der Stadt den Charakter einer Wehranlage. Wesentliches Merkmal der städtebaulichen Struktur der Innenstadt ist der heutige „Marktplatz". Bei diesem charakteristischen Straßenzug handelt es sich aber um keinen Marktplatz, sondern um ein Stück eines Straßenmarktes, wie sie im Süddeutschland des 12. und 13. Jahrhunderts stark verbreitet waren. Unter dem Schutz der Stadtbefestigung bot ein von Tor zu Tor verlaufender Straßenmarkt beste Voraussetzungen für einen einwandfreien Ablauf der Handelsgeschäfte. In Aalen erstreckte sich der Straßenmarkt vom heutigen „Marktplatz" hin zur Reichsstädter Straße – die abgewinkelte 90-Grad-Form ist wohl in der Topographie begründet. Vielleicht musste der Verlauf des Straßenmarktes aber auch auf eine zum Zeitpunkt der Stadtgründung bestehende Bebauung Rücksicht nehmen.

Diese typische Verlaufsform des Hauptstraßenzuges durch die Aalener Innenstadt ist geblieben, und die Reste der Stadtmauer erinnern täglich charmant daran, dass Aalen eine Stadt mit reicher Geschichte ist.

Sibylle Schwenk

So geht's zu den Stadtmauer-Resten:

Das am besten erhaltene Stück Stadtmauer befindet sich im Hinterhof des Alten Rathauses in Aalen.

In der Salvatorkirche wirkte einst Pfarrer Renz.

Salvatorkirche
Retter für „lebensunwerte" Kinder

Als Pfarrer Rudolf Renz 1945 nach Aalen kam, kam er als ein Mann, der unzähligen „lebensunwerten" Kindern das Leben gerettet hatte. Mit der grausamen Bezeichnung „lebensunwert" bedachen die Nationalsozialisten Menschen, die aus irgendeinem Grund nicht Hitlers Vorstellung entsprachen – weil ihre Haut für seinen Geschmack zu dunkel war etwa, oder weil sie eine Behinderung hatten. Nur wenige Aalener wissen heute noch von Rudolf Renz – und wenn, dann haben sie ihn zwar als feinsinnigen Pfarrer in Erinnerung, kennen aber nicht seine großartigen Verdienste als Lebensretter. Auch wenn Renz nicht in Aalen, sondern in Ellwangen Leben rettete, so sind diese Taten auch von großer Bedeutung für die Aalener, deren Seelsorger Renz wurde, denn der Pfarrer kam unmittelbar anschließend nach

Aalen. Und die Salvator-Kirche, in der er einst wirkte, erinnert heute an diesen großen Mann.

Es war im Jahre 1932 als Rudolf Renz – damals Kaplan – nach Ellwangen berufen wurde. Der Zufall – oder besser gesagt – das Schicksal, das durch diesen Umstand unzähligen Kindern das Leben rettete, wollte, dass der Kaplan mit der Heimleitung der Marienpflege betraut wurde. Zudem gab es eine Satzungsänderung, die besagte, dass der Bürgermeister nicht mehr Mitglied des Aufsichtsrat sein sollte. „Das war ein Glück", sagt der Ellwanger Priester und einstige Direktor der Marienpflege, Erwin Knam mit Schauder. „Ich will mir nicht ausmalen, was das sonst für unsere Kinder bedeutet hätte, denn Bürgermeister Koelle war ein fanatischer Nationalsozialist." So viel steht fest: Er hätte nicht getan, was Renz tat und damit hätte er viele Kinder in den Tod geschickt. Denn in der Marienpflege leben neben gesunden Kindern auch solche, die eine Behinderung haben. „Und diese waren in den Augen der Nationalsozialisten lebensunwürdig", erzählt Pfarrer Knam. Doch sein Vorgänger im Amt, Rudolf Renz, stellte sich vor seine Schützlinge. Als am 14. Juli 1933 das „Gesetz zur Verhütung erbkranken Nachwuchses" verkündet wurde, wehrte Renz sich energisch gegen eine Umsetzung desselben. Heimleiter wie Renz waren nämlich eigentlich verpflichtet, „minderwertige Kinder" aus ihren Reihen zu melden und für sie die Sterilisation zu beantragen. Renz weigerte sich beharrlich und – es ist ganz erstaunlich – es gelang ihm, dieses Unheil von seinen Schützlingen abzuwenden. Sechs Jahre später galt es, die Kinder vor einem noch grausameren Schicksal – dem von Hitler im Herbst 1939 angeordneten so genannten „Gnadentod" – zu bewahren. Das Schloss Grafeneck wurde zur Massenvernichtungsanstalt. „Allein im Jahr 1940 wurden hier über 10.000 Menschen vergast", berichtet Knam betroffen. Auch die Kinder der Marienpflege dachte der grausame „Führer" einem solchen Schicksal zuzuführen. Renz wurde daher vom Reichsinnenministerium aufgefordert, „im Hinblick auf die Not-

---

So geht's zur Salvatorkirche:

Die Salvatorkirche befindet sich in der Aalener Bohlstraße. Sie ist von der Friedrichstraße aus über einen Treppenweg zu erreichen.

Der Ellwanger Priester Erwin Knam ist Pfarrer Renz heute noch dankbar für seinen Mut.

wendigkeit planwirtschaftlicher Erfassung der Heil- und Pflegean-stalten" Fragebögen über den körperlichen und geistigen Zustand der ihm anvertrauten Kinder auszufüllen. Renz antwortete nicht. Erst als man seine Antwort anmahnte, schrieb er zurück: „Nach dem Wortlaut des Schreibens scheint wohl ein Irrtum bezüglich unserer Anstalt vorzuliegen. Die Marienpflege ist keine Heil- und Pflegean-stalt, sondern eine Kindererziehungsanstalt." Am 3. September bekräftigte er in einem Schreiben ans Württembergische Innenmi-nisterium seine Vermutung, es handle sich um einen Irrtum. Der Innenminister war anderer Ansicht und kündigte die Ankunft einer Kommission an, die sich selbst ein Bild vom Zustand der in der Mari-enpflege beheimateten Kinder machen wollte. „Es kam aber keine Kommission, sondern nur Obermedizinalrat Dr. Mauthe", erzählt

Knam. Und der traf nur sehr gesund und sehr deutsch aussehende Kinder an. Alle anderen hatte Renz nämlich für die Dauer des Besuchs im Wald versteckt. Mauthe dürfte das freilich durchschaut haben. Aber er sagte nichts. Stattdessen ließ er sich von Renz noch den Spielplatz zeigen. „Wahrscheinlich deshalb, weil er ihn alleine sprechen wollte und Angst hatte, belauscht zu werden", vermutet Knam. „Da sagte Mauthe jedenfalls zu Renz, dass er nichts mehr zu befürchten habe." Renz habe später geäußert, dass Dr. Mauthe „viel Unrecht abgebogen" habe, erzählt Knam. Sein Vorgänger habe Unterlagen gesehen, aus denen hervorgeht, dass Mauthe „Hunderte von Kindern gerettet" hat. Und Kaplan Renz, schreibt Hans Pfeifer in seinem Buch über jene bewegten Jahre, sei „ein Fels in der braunen Flut" gewesen. Die Kinder, die er damals rettete, dürften heute zu den wenigen Hochbetagten mit Behinderung gehören. Alle anderen, die, die keine Menschen fanden, die sich mutig vor sie stellten, wurden im Zuge der Euthanasie gnadenlos vergast.

Unmittelbar nach dem Zweiten Weltkrieg kam Renz als Stadtpfarrer nach Aalen. Er blieb 25 Jahre, bis zu seiner Pensionierung, und füllte die Salvatorkirche allein durch seine Anwesenheit mit dem, was wohl das Wichtigste des Christentums ist: mit Nächstenliebe und dem Mut, für seinen Nächsten einzustehen wie für sich selbst.

Eva-Maria Bast

Eines von insgesamt acht Funda-
menten der Drahtseilschwebebahn.

Fundamente
Verhältnisse wie im Hochgebirge

So mancher Wanderer oder Radfahrer, der sich in die luftigen Höhen des Braunenbergs aufmacht, stöhnt unter dessen ordentlicher Steigung. Satte acht Prozent gibt der Erzweg hinauf zum Tiefen Stollen und nach Röthardt, zum Naturfreundehaus und bis zum Fernsehturm als sportliche Herausforderung auf. Wer seiner Umgebung trotz der körperlichen Anstrengung Beachtung schenkt, der bemerkt, dass sich eine Schneise durch den dichten Buchenwald zieht, beginnend auf dem jetzigen Alfing-Firmengelände bis hinauf zum Steinbruch: Die Bäume sind dort etwas anders gewachsen. Ihre Kronen sind nicht ganz so hoch wie die anderen. Das liegt daran, dass die Steigung des Braunenbergs zu den

Hochzeiten des Erzabbaus dort zunächst mit einer Zahnradbahn, später mit einer Drahtseilschwebebahn überwunden wurde. So transportierte man das Erz vom Stollen bis zum Verhüttungsort im Tal.

Verhältnisse wie in den Hochgebirgen also – und das in Wasseralfingen! Der Grund: Wasseralfingens Braunenberg war voller Eisenerz und im Ort machte sich die Industrie daran, das Eisenerz zu verhütten und wertvolles Metall daraus zu gewinnen. Doch wie bringt man das schwere Eisenerz von A nach B? In einer ersten Phase schleppte man das

So geht's zu den Fundamenten:

Vom Wasseralfinger „Gasthof Erzgrube" aus folgt man dem Wanderweg Richtung Norden. Nach etwa 10 Minuten erreicht man rechter Hand das „Süße Löchle" und unterhalb davon die Winkelstation, den größten Sockel der Drahtseilschwebebahn. Von dort aus kann man nach oben und nach unten den insgesamt acht Stationen folgen.

Erz mühselig mit Ochsenkarren und Pferdegespannen auf einem angelegten Weg, dem heutigen Erzweg, den Braunenberg hinunter. „Mit der Zeit war das aber zu mühselig und zu langsam", weiß Erik Hofmann, der sich mit Wasseralfingens Geschichte befasst hat. Außerdem war es auch zu teuer, denn die Arbeit erledigten so genannte „Lohnfuhrwerke". Man musste sich also etwas überlegen und fand eine Firma in der Schweiz, die für steile Anstiege eine Zahnradbahn gebaut hatte. Diese Firma wurde angeheuert und baute in Wasseralfingen im Jahr 1876 die erste deutsche Zahnradbahn, ja, sogar die erste meterspurige Zahnradbahn weltweit! Bei der Verwirklichung des Projektes arbeiteten württembergische und schweizerische Persönlichkeiten eng zusammen, unter ihnen Ingenieur Nikolaus Riggenbach, der Erbauer der „Rigibahnen", und Oberbaurat Georg Morlok, der den Bau der Remsbahn leitete. „Ein Jahrhundertwerk mit Signalwirkung für weitere Schmalspurbahnen in Deutschland", kommentiert der Wasseralfinger Erik Hofmann.

Zu dieser Zeit hatte sich das Königlich-Württembergische Hüttenwerk Wasseralfingen eine führende Stellung in der hüttenmännischen Welt erworben und war als Großbetrieb mit 1647 Beschäftigten zum unverzichtbaren Arbeitgeber des Kochertals geworden. Die Industrialisierung hatte seit 1854 viele Boom-Jahre für Eisen und Bergbau gebracht und das Hüttenwerk Wasseralfingen zum größten Industriebetrieb Württembergs gemacht.

Der Startpunkt der Zahnradbahn war im Hüttenwerksgelände, heute Alfing, gelegen und endete nach 1,8 Kilometern am Tiefen Stollen, der bereits 1841 eröffnet wurde. Dort holten damals 250 Knappen das wertvolle Eisenerz aus dem Stollen, sie sortierten das Gestein auf dem Erzscheideplatz, die Loren der Zahnradbahn brachten es nach unten. Mit hinauf wurde die Hochofenschlacke geschickt und auf Schutthalden vor dem Stollenausgang (heutiger Sportplatz Viktoria) beseitigt. Zu ihren Glanzzeiten brachte es die Zahnradbahn mit dem System „Riggenbach" auf fünf Transporte pro Tag. Bis 1924 lief sie täglich ihre Runden. Nicht das technische Unvermögen oder mangelnde Leistungsfähigkeit waren es, die für den interessanten Schienenweg das Aus bedeuteten, sondern die Folgen des Ersten Weltkrieges und die Umwandlung der bisher als Staatsbetrieb geführten Wasseralfinger Hütte in ein privatwirtschaftlich geführtes Unternehmen unter der neuen Firmenbezeichnung „Schwäbische Hüttenwerke GmbH". 1924 kam es zur Schließung des Tiefen Stollens. Beim stillgelegten Tiefen Stollen war der Anteil des Eisenerzes im Gestein zu gering, um weiter zur Verhüttung herangezogen werden zu können. Fast zeitgleich wurde das Feuer im letzten Hochofen abgeblasen.

Drei Jahre zuvor hatte man ein paar hundert Meter weiter nördlich einen weiteren Stollen eröffnet, das „Süße Löchle". Der Zeitpunkt für ein neues Transportsystem war gekommen. Und so wurde 1924 eine Drahtseilschwebebahn mit demselben Ausgangspunkt und einem ähnlichen Verlauf in Betrieb genommen, jedoch mit einer imposanten Winkelstation und dem Endpunkt für Erztransporte direkt am „Süßen Löchle." Zusätzlich transportierte die Drahtseilschwebebahn auch noch den für den Verhüttungsprozess notwendigen Kalkstein vom Steinbruch oberhalb der Winkelstation nach unten.

Obwohl der Eisengehalt im Gestein nicht mehr sehr hoch war, kam es noch einmal zu einem großen Aufschwung beim Erzabbau und der Verhüttung: „Das Dritte Reich stellte neue Anforderungen und man

Erik Hofmann an der Winkelstation
der Drahtseilschwebebahn.

dachte sich, dass in Wasseralfingen vielleicht doch noch etwas möglich sei", weiß Erik Hofmann. Der Bergbau wurde neu belebt, und zwar
gewaltig. In den Zeiten von 1935 bis 1939 wurde mehr aus dem Berg
herausgeholt als in den Hochzeiten 60 Jahre zuvor. Das geförderte Erz
wurde nun aber nicht mehr in Wasseralfingen, sondern in der Gutehoffnungshütte Oberhausen verhüttet. 1939 jedoch wurde auch das
„Süße Löchle" vollkommen stillgelegt – und damit endeten 300 Jahre
Montanindustrie in Wasseralfingen.

Heute noch gut sichtbar sind die Beton-Fundamente der Drahtseilschwebebahn, die ihre tägliche Arbeit so zuverlässig ausführte. Der
erste Fundamentstein ist bei der Gartenanlage am Erzweg zu sehen,
der nächste am Spiesel-Freibad und am Panoramaweg, in der Nähe des
Wanderparkplatzes. „Am besten ist die Winkelstation sichtbar", erzählt
Erik Hofmann. Acht Stationen aus massivem Beton erinnern an die
frühe und erfolgreiche, aber auch von schwerer Arbeit geprägte Industriegeschichte Wasseralfingens.

Sibylle Schwenk

Gerhard Kayser muss das Efeu ganz schön zur Seite schieben, damit man das Schild erkennen kann.

Lateinschule
Von Meerrohrschlägen und verliebten Lehrern

Wo heute Menschen in der Sonne oder im Inneren des Cafés „Rambazamba" sitzen und sich mittels kalten oder heißen Getränken wahlweise erfrischen oder aufwärmen, mussten Aalens Kinder einst so richtig pauken. „In diesem Gebäude war die Lateinschule untergebracht. 1447 wurde sie erstmals erwähnt", erzählt der Alt-Aalener Gerhard Kayser. Daran erinnert noch eine lateinische Inschrift an der Hauswand und, am Hauseck in Richtung Stadtkirche, ein vom Efeu fast verdecktes Schild. „Bis 1913 gab es die Lateinschule, dann wurde sie in der neu erbauten Parkschule unter dem neuen Namen Reformgymnasium weitergeführt", erzählt Gerhard Kayser. Er selbst hat die Lateinschule also nicht mehr besucht. Aber Hermann Stützel war dort Schüler und er hat die herrlichsten Erinnerungen aufgeschrieben: Er erzählt vom „Herrn Kollaborator Waldmüller", einem Mann mit „struppige(m) Vollbart", dem man zum Frühstück immer eine Flasche

Most aus seiner Wohnung holen musste. Auch über Herrn Veitinger und dessen Vorgänger Kramer, die die mittleren Klassen unterrichteten, weiß Stützel zu berichten: Präzeptor Veitinger, schreibt er, mochten die Schüler vor allem deshalb, weil er jung und verliebt war. „Am Samstag, wenn er zu seiner Braut fuhr, war er immer besonders gut aufgelegt, was den Schülern sehr zugute kam." Präzeptor Kramer indes besaß für einen Mann recht ungewöhnliche Fähigkeiten: Er war des Strickens, Häkelns und Nähens mächtig, eine Gabe, die er mit Freude an seine Schüler weitergab. Besonders beliebt war er aber, weil die Schüler bei ihm keinen Stock zu spüren bekamen. Denn dieser Stock, genannt Meerrohr, hat so manchen zittern lassen. Die Handhabung des Stocks „geschah in der Weise, daß der Lehrer den Stock an einem Ende anfaßte und nun das andere Ende mit kräftigem Schwung mit geeigneten Körperstellen des Schülers in Berührung brachte", beschreibt Stützel. Als geeignete Stellen galten zum Beispiel die inneren Handflächen und die Hinterteile. Dass der Lehrer bei Faulheit, Bosheit und Unaufmerksamkeit seinen Stock bemühte, konnte Stützel noch verstehen. „Daß aber bei notorisch schlecht begabten Schülern, die für ihre unzureichenden Arbeiten regelmäßig vier Tatzen einheimsten, durch diese Maßnahme eine Besserung, d.h. eine Erhöhung ihrer Intelligenz, eingetreten wäre, konnte ich nie feststellen."

Schlug der Lehrer auf die Hände, nannte man das „Tatzen". Sauste der Stock aufs Gesäß, sprach man von „Hosenspannes". Es gab aber auch noch andere Körperteile, die die Lehrer scheinbar für geeignet hielten: die Waden. Stützel schreibt: „Herr V. ließ besonders gern seinen Stock auf die Waden des an der Tafel stehenden Wilhelm A. spazieren, weil 1. Wilhelm niedliche Waden hatte und 2. Wilhelm nach jedem Schlag so drollige Sprünge vollführte."

> **So geht's zur Lateinschule:**
>
> Die ehemalige Lateinschule steht „An der Stadtkirche 4" in Aalen. Im Erdgeschoss ist das Café Rambazamba untergebracht. Die Inschrift steht über dem Gaststätten-Eingang auf der Ostseite. Das Schild „Lateinschule" hängt, vom Efeu fast verborgen, am Hauseck zur Stadtkirche.

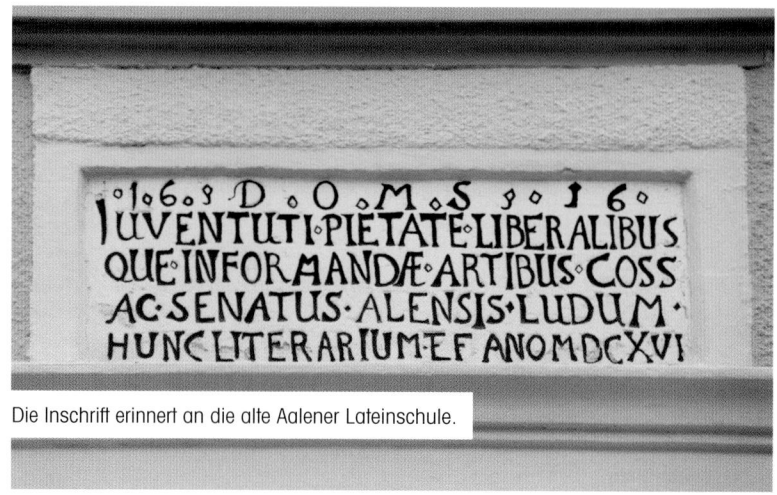

Die Inschrift erinnert an die alte Aalener Lateinschule.

„Da die Lateinschule 1867 in die Lange Straße umzog, hat Hermann Stützel Tatzen und Hosenspannes aber nicht mehr in diesem ursprünglichen Gebäude an der Stadtkirche erlebt", erzählt Kayser.

Ob an der Stadtkirche oder in der Langen Straße: Derartiger Erziehungsmethoden bedient man sich heute glücklicherweise nicht mehr. Und die Paukerei ist auch vorbei, zumindest in der Lateinschule. Und wer weiß, vielleicht befinden sich unter denen, die jetzt hier gemütlich ihren Cappuccino trinken, die Nachfahren jener Buben, die in dem Gebäude einst büffeln mussten und auf die dann und wann der Stock herabsauste. Jedenfalls lohnt ein Blick zur Decke: Der Inhaber des Cafés „Rambazamba", Martin Dannenmann, hat die Kassetten genau so gelassen, wie sie damals waren. Viele kleine Kinderaugen dürften sich einst verzweifelt in Richtung jener Decke gedreht haben, wenn sie sich auf der Suche nach dem richtigen Wort oder der richtigen Zahl Hilfe von oben erhofften. Die Gäste im „Rambazamba" freilich, die rollen die Augen höchstens genießerisch zur Decke. Weil der Kaffee so gut schmeckt.

Eva-Maria Bast

19

Das Reiterstandbild Soldat mit Remonte.

Remonte-Soldat

„Wie lange hast du noch?"

Die Blickrichtung des Remonte-Soldaten ist nicht ganz genau aus-
zumachen. Wahrscheinlich gilt sie ganz und gar seinem Ross, einer
Remonte, also einem jungen Pferd, das ausgebildet werden soll. Es
könnte aber auch sein, dass der Reiter-Soldat auf das Wachhäuschen
blickt, in dem einer seiner Kameraden seinen Arrest zu Aalener
Remonte-Zeiten absitzt. Wie auch immer. In Stein gemeißelt erinnert
die Statue des „Soldaten mit Remonte" an die Zeit während des Zwei-

Erwin Hafner am ehemaligen Wachhäuschen der Remonte.

ten Weltkrieges, wo die Jungpferde genau an diesem Platz in Scharen zu finden waren.

Jetzt prangt der nette Schriftzug „Theodor Heuss-*le*" an dem kleinen Gebäude direkt an der Curfeßstraße, und sicher muss dort niemand mehr seinen Arrest absitzen. Die Schülerinnen und Schüler des Theodor-Heuss-Gymnasiums und der Uhland-Realschule treffen sich heute auf dem Pausenhof, wo früher Soldaten ihre Pferde für den Kriegsdienst fit machten. Das Wachhäuschen jedoch, das hat eine noch viel längere Geschichte.

In den 1880er Jahren baute Schlosser Heinrich Rieger auf dem Gelände bis hin zum heutigen Zeiss-Werk seine Aalwerke auf. Das einzige erhaltene Gebäude der Aalwerke ist das noch dort stehende Portierhäuschen am Eingang des jetzigen Schulgeländes. Die Aalwerke wurden 1930 von dem Konkurrenzunternehmen, den Alexanderwerken in Remscheid, „geschluckt". Das Areal ging in den Besitz der Stadt Aalen über.

1936 wurde Aalen Garnisonstadt. Das Gelände der Rieger-Werke wurde dafür ausgewählt, zur „Wehrkreis-Fahr- und Reitschule V" zu werden. „Es war eine mustergültige Anlage", weiß Heimatkenner

Erwin Hafner. Der weite Hof mit dem quer in der Mitte stehenden Wirtschaftsgebäude und den beiden Mannschaftsgebäuden, die sich links und rechts anschlossen, sowie die ausgedehnten Stallungen mit der prachtvollen Reithalle machten einen großzügigen Eindruck. Hinter dem westlichen Reitstall befand sich die große Hufschmiede. Der Krankenstall, der Seuchenstall und der Absonderungsstall schlossen sich daran an. Am 1. Oktober 1936 wurde die Reiterkaserne ihrer Bestimmung übergeben. 105 Offiziere und Unteroffiziere sowie 160 Soldaten im Mannschafts-

So geht's zum Wachhäuschen:

Das Wachhäuschen befindet sich an der Turnstraße, direkt am Eingang zum Schulgelände des Aalener Theodor-Heuss-Gymnasiums und der Uhland-Realschule. Es ist jetzt die „Remonte"-Umspannstation der Stadtwerke. Entlang des Kochers führt der Fanny-Kahn-Weg direkt darauf zu. Rechts neben dem Wachhäuschen befindet sich das Reiterstandbild.

dienstgrad übten den Dienst in der Kaserne aus, der vor allem darin bestand, die jungen Remonten, die vierjährig aus den Gestüten der Zuchtgebiete eintrafen, zu Truppenpferden für die berittenen Einheiten oder für die Gespannarbeit auszubilden. Ein Jahr lang blieben sie in der Reit- und Fahrschule, soweit sie nicht als Reitpferde für Offiziere vorgesehen waren. Dann nämlich mussten sie sich einer noch sorgfältigeren Ausbildung unterziehen und ein Jahr länger in den Ställen der Remonte stehen.

„Die Wehrmacht hat natürlich geschaut, dass sie Leute bekommt, die mit Pferden umgehen können", erklärt Erwin Hafner. Deshalb holte man Bauernsöhne her. „Aber nicht solche vom Härtsfeld", sagt Hafner, „schließlich hatten die vielleicht eine Kuh oder einen Ochsen, aber kein Pferd." Deshalb schaute sich die Garnisonsleitung im Oberland um. Die Menschen dort kannten sich mit Pferden aus, „hatten aber alle ganz fürchterliche O-Beine".

„Einmal in der Woche", berichtet Erwin Hafner, „mussten die jungen Remonte-Soldaten ins Hirschbachbad zum Schwimmen." Ihre ganze

Erfahrung gehörte den Pferden, schwimmen jedoch konnten die meisten nicht. Die Stunde der kleinen Unteroffiziere hatte geschlagen. Die Remonte-Soldaten mussten aufs Drei-Meter-Brett und hinunterspringen. „Denen haben natürlich die krummen Beine geschlottert", erzählt Erwin Hafner. Als Buben haben er und seine Freunde das makabre Schauspiel beobachtet und sagten laut lachend zueinander: „Achtung, jetzt kommt wiedr oinr!"

Zehn Monate nach der Eröffnung der Wehrkreis-Fahr- und Reitschule wurde das Standbild des Stuttgarter Bildhauers Kerzinger „Remonte mit Pferdepfleger" aufgestellt, das heute noch neben dem Wachhäuschen steht. Erwin Hafner stellt allerdings die – bisher nicht bestätigte – Vermutung an, dass es sich bei dem Gestalter des Reiterstandbilds um einen Steinbildhauer namens Schäfer handelt, der auch die Steinreliefs am Tor des einstigen Proviantamtes in der Ulmer Straße geschaffen hat.

Für die Buben, die die Remonte-Soldaten als Nichtschwimmer entlarvten, war das nicht wichtig. Sehr viel interessanter war der Blick ins Innere des Wachhäuschens, der einstigen Pforte der Aal-Werke. Dort nämlich saßen Soldaten – wie eingangs berichtet – ihren Arrest ab. Die Buben zogen sich an den Fenstergittern hoch und fragten den einsitzenden Soldaten: „Wie lange hast du noch?" Vielleicht stellen sich die Schülerinnen und Schüler des Gymnasiums und der Realschule heute selbst diese Frage, wenn sie an ihren Schulbänken büffeln müssen.

Sibylle Schwenk

20

Das Altargitter um den Abendmahlstisch in der Stadtkirche – eine
Meisterleistung des Kunstschlossers Michael Storr aus dem Jahr 1771.
Die Stadtkirche ist eine der wenigen Quersaalkirchen im Land.

Altargitter
Ein kunstvoll geschmiedeter Schutz

Die Aalener Stadtkirche ist in vielerlei Hinsicht etwas ganz Besonderes:
Das betrifft nicht nur ihre altehrwürdigen Mauern, sondern auch die
Anordnung der Kirchenbänke. Sie gehört zu den wenigen Quersaalkirchen im Land, die nach lutherischem Verständnis eines Kirchenmittel-
punktes – Taufstein, Altar, Kanzel – gebaut wurden. Und noch eine
Besonderheit fällt im Innenraum der Kirche auf: Der Abendmahlstisch
ist eingefasst von einem kunstvoll geschmiedeten Gitter. Was es damit
auf sich hat, kann der Aalener Heimatkundler Fritz Walter berichten.

Es war ein Katholik, der Schlossermeister Michael Storr aus Schwäbisch
Gmünd, der den Innenraum der Stadtkirche mit seiner Kunst bereicherte.

71

Nahaufnahme des Altargitters.

Der Auftrag für das Altargitter wurde ihm in der Ratssitzung im Mai 1770 erteilt. „Damit nichts Unrechtes den Abendmahlstisch berühren konnte", erklärt Fritz Walter. Zu dieser Zeit, weiß der Aalener aus Überlieferungen, sei es üblich gewesen, dass die Kirche offen stand. „Heute ist das gar nicht mehr denkbar", sagt Fritz Walter, jahrelanger Mesner der Stadtkirche.

Zu Gründungszeiten jedoch standen die Portale der Stadtkirche oft für die Gläubigen offen. Doch nicht nur betende Christen strömten herein, sondern auch Hunde, Katzen, Enten oder Hühner. Und damit diese nicht den herrlichen Abendmahlstisch aus den Händen des Bildhauers Thomas Schaidhauf „entehren" konnten, gab der Rat den Auftrag für ein Altargitter. „Ein Beispiel trefflicher Schmiedekunst", lobte einst Karlheinz Bauer in seinem Buch über Aalen.

„1771, zu Anfang des Monatas Xbris hat ein Schlosser von Schwäbisch Gmünd das eiserne Gitter um den Altar hieher gebracht und selbigen Samstags vor dem 3ten AdventsSonntag eingeschraufft und angemacht", berichtet Johann Leonhard Kauffmann aus seinen Erinnerungen. „Das Gitterwerk und deren Thürlen" folgen dem geschweiften

Verlauf von Abendmahlstisch und Altarpodest und gewähren dem austeilenden Geistlichen vor dem Altar einen großen Standplatz. Am Schloss ist die Jahreszahl 1771 und am Schlosskasten das Aalener Stadtwappen eingeschlagen.

> ### So geht's zum Altargitter:
>
> Das Altargitter befindet sich in der Aalener Stadtkirche St. Nikolaus. Ihr Turm ist in der ganzen Innenstadt zu sehen.

„Wenn man genau hinsieht", erläutert Fritz Walter, „dann erkennt man auch, dass Storr ein Kreuz über das Stadtwappen geschmiedet hat." Das spreche dafür, so deutet er dies Zeichen, dass Storr sowohl für die Geistlichkeit als auch für die Reichsstadt gearbeitet hat.

Vier Jahre zuvor, am 29. November 1767 – es war der erste Adventssonntag – war das wahrhaft ungewöhnliche Gotteshaus eingeweiht worden, gehörte die Aalener Stadtkirche doch zu den wenigen protestantischen Quersaalkirchen im Land. So ist der Kubus der Kirche zwar traditionell in der Ost-West-Achse längsgerichtet, ihr liturgisches Zentrum befindet sich aber nicht im Chorraum, sondern in der Mitte des Raumes. Damit birgt Aalen einen wahren Schatz, denn in Bayern und Baden-Württemberg wurden nur 18 Querkirchen errichtet.

Das filigran geschmiedete Altargitter indes ist Wächter des eigentlichen Schatzes der Gläubigen: Es schmückt und schützt den Abendmahlstisch gleichermaßen.

Sibylle Schwenk

Erinnert an Aalens Handwerker: die Beinstraße.

Beinstraße
Von singenden Handwerkern

Wer im Sommer durch Aalen spaziert, dem fällt zunächst das schön mit Blumen geschmückte Straßenschild auf. Dann erst stolpert man über den Straßennamen: Beinstraße. Woher, fragt sich der Flanierende, könnte die Beinstraße ihren Namen haben? Alt-Aalenerin Dorothea Trukenmüller kennt die Antwort: „In dieser Straße lebten einst die Beindreher", erzählt sie. „Das waren verhältnismäßig arme Menschen und sie haben aus Knochen, also aus Bein, Knöpfe und Rosenkränze gefertigt." Die Knochen hätten die Beindreher von den Metzgern bekommen, weiß Trukenmüller. Sie selbst hat die Beindreher aber nicht mehr erlebt – sie kennt sie nur noch aus Erzählungen. Ebenso wie die Loderer, die Schumacher, die Gerber, die Seiler, die Hafner und die Zinngießer. „Als Kind habe ich nie verstanden, was man mit ‚Zeegiaßer' meint. Ich dachte immer, das hat was mit Zähnen zu tun", erinnert sie sich schmunzelnd.

Im Gegensatz zu heute, wo Handwerker ein gutes bis sehr gutes Auskommen haben, hätten sie früher nicht viel verdient, sagt Trukenmüller. Das bestätigt Gebhard Stützel in seinen Erinnerungen. Zudem, schreibt Stützel, habe es keine Wohlfahrtseinrichtungen gegeben, weder Kranken- noch

Unfall- oder Alters-Versicherungen. Wer krank wurde, musste hoffen, jemanden zu haben, der ihm beisteht. Zwar seien nicht nur die Löhne, sondern auch die Lebensmittelpreise niedrig gewesen, trotzdem, schreibt Stützel, „durften sich die Arbeiter im ganzen Jahr kaum

So geht's zur Beinstraße:

Die Aalener Beinstraße ist die Parallelstraße zum Nördlichen Stadtgraben.

einmal den Genuß von Fleisch erlauben." Dafür kannten die Arbeiter wohl nicht, was heute manch einen Berufstätigen plagt: Stress. Nach Stützels Beschreibungen muss es teilweise recht gemütlich zugegangen sein. „Besonders die Maurer, von denen den ganzen Tag keiner die Tabakpfeife aus dem Mund brachte, verläpperten die halbe Arbeitszeit damit, daß sie die Pfeife, die täglich zwanzig Mal erlosch, durch Feuerschlagen mit dem Stahlmesser, Feuerstein und Zunder wieder gebrauchsfähig machten." Die Schreiner- und Schuhmachergesellen hätten montags gewöhnlich ihren „Blauen" gemacht und sich nicht der Arbeit, sondern dem Umherziehen in den Wirtshäusern gewidmet. Nicht ganz so entspannt müssen es die Nagelschmiede gehabt haben. Stützel berichtet, dass man sie von 3 Uhr früh bis in die Nacht hämmern hörte – und singen. Die Nagelschmiede schienen ihre Arbeit also mit großer Freude zu tun. Auch andere Arbeiter wie die Kammmacher hätten dann und wann gerne ein Liedchen geträllert. „In unserer nächsten Nähe wohnte der Kammmacher Auchter, der den ganzen Tag mit seinem Gesellen, seinem nachmaligen Schwiegersohne, sang. Wie oft habe ich mich an deren Gesang beteiligt, indem ich von der Gasse aus mitsang." Übrigens halfen bei zahlreichen Handwerkern, vor allem, wenn diese mit Textilien arbeiteten, Frauen und Töchter im Betrieb mit. „In jedem Haus war mindestens ein Spinnrad, an welchem entweder die Frau oder die Tochter saß, wie sie gerade hiezu Zeit hatten, oder es wurde gestrickt. Diese Beschäftigungen ersetzten das heutige Klavierspielen und Malen", schreibt Stützel. Und die Töchter, die konnten dann bei ihrer Heirat mit einer Aussteuer aus „selbstgemachtem Tuch" glänzen.

„Die Beindreher", meint Trukenmüller, „waren wohl die ärmsten dieser Handwerker." Dennoch – oder vielleicht gerade deswegen – setzte man ihnen mit der Beinstraße ein Denkmal.

Eva-Maria Bast

22

Der doppelte
Johannes.

Doppelter Johannes

Der Bärtige und der Enthauptete

Ungewöhnlich. Die Johannes-Figur, die die Südwand der Johannes-Kirche (St. Johann-Kirche) auf dem Aalener Friedhof ziert, verführt dazu, mindestens zwei Mal hinzusehen. Neben der Johannesfigur mit dem Lamm liegt nämlich, als zweite Skulptur, ein abgeschlagener Kopf in einer Schale. „Damit zeigt das Kunstwerk gewissermaßen zwei Mal den Johannes", erzählt Kunsthistorikerin Dr. Magdalene Gärtner. „Denn die Schale mit dem abgeschlagenen Kopf ist ebenfalls eine Darstellungsweise für den Heiligen." Diese allerdings komme in der westlichen Bildtradition eher selten vor – vor allem in Kombination mit der Skulptur des Johannes mit dem Lamm. Ungewöhnlich sei auch die „tänzerische Schrittstellung" des stehenden Johannes, erläutert Magdalene Gärtner. Passe sie doch gar nicht recht zu dem bärtigen Heiligen, der mit seinem schulterlangen, lockigen Haar und dem Fellgewand eher schwer und bodenständig wirkt.

Der stehende Johannes zeigt den Einsiedler, Johannes den Täufer, der seine Haare nicht schnitt. „Er wird mit dem Gewand aus Kamelhaaren und einem Gürtel geschildert", erzählt Magdalene Gärtner. Und das Haupt des Johannes in der Schale stelle den Jünger Johannes dar, der durch Herodes Antipas enthauptet wurde. „In der byzantinischen Reliquiengeschichte heißt es, dass Salome, die Tochter von Herodes' Frau Herodias, den Kopf des Täufers als Belohnung für einen Tanz gefordert habe, wozu sie von Herodias angestiftet worden sei", berichtet die Kunsthistorikerin. Es gibt aber auch die Ver-

So geht's zum doppelten Johannes:

Die Johannes-Figur hängt an der Südwand der Aalener Johannes-Kirche. Diese steht auf dem St. Johann-Friedhof an der St. Johann-Straße unterhalb des Limes-Museums.

sion, dass Herodes Antipas einen Aufstand der Anhänger des Johannes während seines Feldzugs gegen Aretas, den König der Nabatäer, befürchtete. Aretas war der Vater von Herodes Antipas erster Frau. Die Beziehung zwischen den beiden war auch wegen Landstreitigkeiten belastet.

Und warum hängt in der Aalener Johannes-Kirche nun ein doppelter Johannes? „Bei einem Johannes-Patrozinium ist immer die Frage, ob nun der Evangelist Johannes oder Johannes der Täufer der Schutzheilige ist", erklärt Magdalene Gärtner. „Die Figur deutet darauf hin, dass beide die schützende Hand über die Kirche halten."

Eva-Maria Bast

23

Das Portal der Salvator-Kirche
trägt einen schönen Schriftzug.

Salvator-Portal

In Stein gemeißelte Quellen des Lebens

Imposant und majestätisch erhebt sich das Portal der Salvatorkirche auf dem Bohl in Richtung Stadtmitte. Wie ein Segensspruch über die Menschen, die dort leben, wirkt der Schriftzug über dem Portal: „Haurietis aquas in gaudio de fontibus salvatoris." Der Vers stammt aus dem Buch Jesaja: „JS. 12. 3." Wer des Lateinischen nicht mächtig ist, tut sich wohl schwer bei der Übersetzung der Inschrift.

„Ihr werdet Wasser schöpfen voll Freude aus den Quellen des Erlösers",
so die wörtliche Übersetzung des Verses. Ein schöner Gedanke, der sich
da über Aalen breitet. Dass das Portal zudem in Richtung Osten weist,
hat Martin Dörflinger, Pfarrer in Salvator, zu weiteren Interpretationen
gebracht: „Es erinnert mich an ein Wort aus Ezechiel – Dann führte er
mich zum Eingang des Tempels zurück, und ich sah, wie unter der Tem-
pelschwelle Wasser hervorströmte und nach Osten floss; denn die vordere
Stelle des Tempels schaute nach Osten. Das Wasser floss unterhalb der rechten Seite des Tempels herab, südlich vom Altar."

Der Grundstein der Salvatorkirche

Vor knappen 100 Jahren, am 10. November 1913, wurde die Salvatorkirche durch Bischof Paul Wilhelm von Keppler konsekriert. Es war sein Wunsch gewesen, die neue Kirche mit dem Säulenportal Christi, des Erlösers, des Salvators, zu weihen. Die bisherige Pfarrkirche, in der sich bis zu dieser Zeit die rund 4000 katholischen Christen versammelt hatten, sollte von da an „Marienkirche" heißen.

Der Bau der Salvatorkirche war damals nicht unumstritten gewesen. Vor
allem der Kirchenstiftungsrat hatte immer wieder die Notwendigkeit des
Baus einer neuen Kirche in Frage gestellt. Doch 4000 Katholiken in einer
Kirche mit 380 Sitzplätzen – das konnte nicht gutgehen. Die Hauptauf-
gabe, die sich der aus der Mergentheimer Gegend stammende Stadtpfarrer Franz Hetzler stellte, war es also, einen neuen Kirchenraum zu schaffen. Um die nötigen Gelder aufzubringen, hatte man in den Jahren 1906
bis 1913 acht Haussammlungen, ferner Sammlungen in Biberach und
Lauchheim veranstaltet. Die katholischen Vereine, besonders der Arbei-
terverein, zeichneten sich ebenfalls durch großen Sammeleifer aus.
„Auch viele evangelische Christen haben sich durch Spenden am Bau
der Salvatorkirche beteiligt", weiß der Aalener Kirchen-Kenner Helmut

Erhard. Die Baukosten beliefen sich schließlich mit Glocken und Inneneinrichtung auf 301 000 Mark. Zur Deckung standen 211 560 Mark zur Verfügung, so dass die katholische Gemeinde noch eine Schuldenlast von 90 000 Mark abtragen musste.

Eine Kirche mit 1200 Sitz- und 1000 Stehplätzen mit freiem Ausblick auf den Hochaltar sollte entstehen. Von den eingereichten Bauplänen siegte der Entwurf des Regierungsbaumeisters Schlösser aus Stuttgart, der einen Bau im Renaissancestil vorschlug. Auch heute noch herrschen in der Salvatorkirche die klaren Züge, die sich auf das Wesentliche, nämlich das Kreuz, konzentrieren, angenehm vor. Das hat die Gemeinde Stadtpfarrer Rudolf Renz zu verdanken, der in den Jahren 1945 bis 1970 das katholische Aalen prägte und die umfangreichen Renovierungsarbeiten Ende der 1950er-Jahre leitete. „Der Eindruck der neu gestalteten Kirche war überwältigend", schreibt Pfarrer Renz im Festbuch „100 Jahre katholische Kirchengemeinde in Aalen".

Die Kirche war und ist also von jeher konzentriert auf die Personifizierung des Heils, auf Christus, den Heiland, den Salvator, den Erlöser. Neben dem Schriftzug am Portal der Kirche wurde das Thema „Wasser des Lebens" auch in den vier ovalen Fenstern des Chorraumes bei der Innenrenovation 1998 vom Aalener Künstler Helmut Schuster aufgegriffen. Auch der am 8. April 1912 gelegte Grundstein der Salvatorkirche, der sich am Südeingang der Kirche neben der Sakristei befindet, bezieht sich auf diese Personifizierung. Die Inschrift lautet: „Christus Jesus ist der Haupteckstein durch den auch ihr mit auferbaut werdet zur Wohnung Gottes im Geiste."

Sibylle Schwenk

So geht´s zur Salvatorkirche:

Die Salvatorkirche befindet sich in der Bohlstraße 3 in Aalen. Ihr Turm ist in der ganzen Innenstadt zu sehen. Das Portal zeigt in Richtung Osten.

24

Heidrun Heckmann im
Hirschbach-Freibad.

Hirschbach-Freibad
Badevergnügen mit Häubchen

Wo sich heute im Sommer Damen in knappen Bikinis aalen, gingen
einst von Kopf bis Fuß züchtig bekleidete Frauen ihren Badefreuden
nach: Als das Hirschbachfreibad im Jahre 1892 eröffnet wurde, war
der Spaß im vom Hirschbach gespeisten Becken von Anfang an auch
der weiblichen Bevölkerung gegönnt. „Gemeinsame Badezeiten mit
den Herren waren aber zu der damaligen Zeit noch undenkbar", erzählt
die Wasseralfingerin Heidrun Heckmann. Dass die holde Weiblichkeit

unter sich war, bedeutete aber nicht, dass sie nur leicht bekleidet dem Vergnügen im kühlen Nass nachgehen konnte. „Man wollte die Vorstellungskraft der Männer nicht damit anregen, dass die Frauen spärlich gekleidet badeten", schmunzelt Heckmann. Allein die Tatsache, dass

So geht's zum Hirschbach-Freibad:

Das Aalener Hirschbach-Freibad befindet sich in der Hirschbach-Straße.

sich kurz zuvor noch Mädchenleiber im Bad getummelt haben, sei zur damaligen Zeit ganz ungeheuerlich gewesen. Die Frauen mussten sich also in einen Schwimmanzug kleiden, der auch Knie und Ellbogen bedeckte und zusätzlich auch noch eine Strumpfhose tragen. Badeschuhe und Badehäubchen komplettierten das züchtige Bild. „Außer Gesicht und Händen durfte kein Zentimeter Haut zu sehen sein. Das Schwimmen war durch die vielen Kleiderschichten natürlich nicht ganz so schwerelos wie heute." Die Badezeiten für Damen und Herren waren also klipp und klar geregelt: Gleich morgens, von 6.30 Uhr bis 10 Uhr, durften die Männer im Wasser ihren Frühsport treiben. Ab zehn Uhr und bis 16.30 Uhr gehörte das Freibad dann den Frauen, danach waren wieder die Herren dran. „Trotz dieser Regelungen war Aalen noch sehr fortschrittlich, was das Baden von Damen in öffentlichen Bädern angeht: Im Neckar gab es ein Badehäuschen, in dem die Frauen lediglich stehen konnten", erzählt Heckmann. „Als einmal eine junge Frau in dem Fluss schwamm, wurde sie wegen totaler Verrücktheit in eine Nervenheilanstalt eingewiesen."

Eva-Maria Bast

25

Verborgen der Stolleneingang an der Spieselstraße.

Stolleneingang
Relikt aus Zeiten der NS-Herrschaft

Arglos rennen Kinder heute auf dem Spielplatz an der Spieselstraße auf und ab, Spaziergänger sind unterwegs zum Braunenberg oder Hobbygärtner zu ihrem Grundstück in der nahe gelegenen Kleingartenanlage. Kaum einer macht sich wohl Gedanken über die wuchtige, im Sommer wegen der starken Vegetation kaum sichtbare Beton-Fassade mit der schweren Gittertür, die an der Böschung unterhalb des Spielplatzes von anderen Zeiten kündet. Und wenn jemand dem Bauwerk doch einen zweiten Blick schenken sollte, dann hält er es vermutlich für eine Kelleranlage oder etwas anderes, das den Schutz unter Tage sucht. Dass es sich hierbei jedoch um den Eingang eines gigantischen Stollensystems aus den Zeiten Nazi-Deutschlands handelt, das dürften die wenigsten Betrachter vermuten.

„Wenn man diese dramatischen Hintergrundinformationen kennt, verwundert es schon ein bisschen, dass man hier einfach so vorbeiläuft und gar nicht zum Nachdenken kommt", überlegt der geschichtsinteressierte Erik Hofmann und erzählt die Geschichte des Stollensystems:

Seit ihrer Machtübernahme verfolgten die Nationalsozialisten das Ziel der wirtschaftlichen Unabhängigkeit. Neben der Versorgung mit Nahrungsmitteln galt das Interesse vor allem der Beschaffung von Rohstoffen. Da war eine Wiederaufnahme des Bergbaubetriebs am Braunenberg naheliegend. Schließlich gab es hier zwei Metall verarbeitende Betriebe, die für die Nationalsozialisten von nicht unerheblicher Bedeutung waren. Zunächst wurde 1941 versucht, diesen Mangel durch freiwillig angeworbene Arbeitskräfte aus Deutschland, dann aus dem europäischen Ausland zu kompensieren. Für die so genannten „Fremdarbeiter" entstanden ab 1942 verschiedene Barackenlager um Wasseralfingen. Im Laufe des Krieges nahm die Zahl der Kriegsgefangenen und Zwangsarbeiter – vor allem aus Polen und der Ukraine – immer mehr zu.

„Doch auch diese Arbeitskräfte reichten nicht aus, und so wurde 1944 mitten in Wasseralfingen, im so genannten ‚Wiesendorf'-Gebiet, ein besonderes Zwangsarbeiterlager errichtet", berichtet Erik Hofmann. Insgesamt 405 Insassen fasste dieses KZ-Außenlager, wovon die meisten aus dem Konzentrationslager Dachau kamen. (Siehe Geheimnis 33). Das Lager war stark bewacht, eingezäunt und von bewaffneten Soldaten umstellt. „Diese Häftlinge mussten am Ausbau des Stollensystems am Fuße des Braunenbergs arbeiten", weiß Erik Hofmann. Firmeneigene Luftschutzstollen der dort ansässigen Betriebe existierten zwar schon seit 1942, doch der Ausbau sollte vorangetrieben werden, um die industrielle Produktion unter die Erde verlegen und somit vor Luftangriffen schützen zu können. „Ein gigantisches Stollensystem war das", erläutert der Wasseralfinger Geschichtskenner, „es reichte sogar bis zum

So geht's zum Stolleneingang:

Der Stolleneingang befindet sich in der Wasseralfinger Spieselstraße direkt unterhalb des Spielplatzes.

Salchenhof." Am Ausbau des Stollensystems waren ab November 1944 auch polnische Juden beteiligt, Überlebende des Aufstands im Warschauer Ghetto.

Von dem geplanten, weit verzweigten Netz von Stollen wurde aber nur ein Teil fertiggestellt. Zu schwer war die Arbeit, zu ausgemergelt und ausgezehrt die Arbeitskräfte. Zur Aufnahme der industriellen Produktion in den Stollen kam es gar nicht mehr. 60 Häftlinge starben in Wasseralfingen. Die letzten Häftlinge traten ihre Todesmärsche Richtung Dachau an.

Wenige Wochen vor Kriegsende kam es noch zur Einquartierung von jungen SS-Soldaten in die Spezialbaracken Wiesendorf. „Zur letzten und verlustreichen Verteidigung gegen die vorrückenden Amerikaner wurden sie eingesetzt", erzählt Erik Hofmann betroffen.

Die Düsternis, die der heute noch sichtbare Stolleneingang ausstrahlt, verbreitet somit immer noch genau die richtige, nämlich eine mahnende Stimmung.

Sibylle Schwenk

Ulrich Pfeifle
sitzt auf einem
verborgenen
Schatz.

Lüftungsschornsteine
… und ein vergnügtes Bad im Schlamm

Grillen zirpen, Bienen summen, Wildblumen verwandeln die Wiese in einen bunten Farbenteppich und der Blick auf Aalen ist grandios. Der Platz unterhalb des Skiliftes ist schlichtweg atemberaubend – und rätselhaft. Denn inmitten der schönen, sonnigen Wiesen liegen große Betonplatten und darauf sitzen mehreckige metallene Deckel und schornsteinartige Erhebungen. Die industriell wirkenden Teile passen so gar nicht in die Landschaft und scheinen auch nicht wirklich einen Zweck zu erfüllen, so verloren liegen sie da. Dabei sind sie ein Hinweis auf etwas, das nicht nur Aalens Wohlstand vermehrt, sondern die Stadt auch für Touristen attraktiver gemacht hat: die Therme. Auf Insistieren seines geologisch interessierten Stadtkämmerers Eduard Obermayer hin, der sich sicher war, dass es in Aalen Thermalwasser gebe, ließ der damalige Oberbürgermeister Ulrich Pfeifle in den 1980er Jahren bohren. Freilich nicht sofort: Sehr lange und ganz im Geheimen forschte Pfeifle gemein-

So geht's zu den Lüftungsschornsteinen:

Die Schornsteine und die Abdeckungen befinden sich etwa 300 Meter südöstlich der Aalener Limes-Thermen, unterhalb der Skilift-Talstation. Man erreicht sie auch, wenn man von der Osterbucher Steige aus unterhalb der Parkplätze bei der ehemaligen Wasserversorgung abbiegt, dem Straßenverlauf folgt und sich bei der Gabelung rechts hält.

sam mit Obermayer und seinem Freund, dem Geologen Werner Kriele. Das Geologische Landesamt wurde um Meinung gebeten und schätzte die Chancen, Thermalwasser zu finden, auf 50 Prozent ein. Messungen ergaben, dass an einer Stelle – nämlich der, an der heute die Platten und Schornsteine aus dem Boden ragen, mehr Gas aus der Erde emporsteigt als an anderen. „Das deutete darauf hin, dass sich dort eine Öffnung oder ein Hohlraum befindet", sagt Ulrich Pfeifle. Das Grundstück gehörte zu dieser Zeit noch einer alten Dame, die es aber bereitwillig an die Stadt verkaufte. Auch die umliegenden Grundstücke befanden sich nicht im Besitz der Stadt, und da das schönste Thermalwasser ohne die Möglichkeit, eine Therme zu errichten, nichts genutzt hätte, kaufte Pfeifle das Umland von den Landwirten auf. Den Grund sagte er ihnen nicht und dafür, erinnert er sich, wurde er später dann und wann als „Lump" bezeichnet. Auch der Gemeinderat war zu jener Zeit noch nicht eingeweiht, die Grundstückskäufe bewegten sich in Größenordnungen, die Pfeifle ohne Zustimmung des Gremiums tätigen durfte. „Erst als ich alles beisammen hatte, bin ich vor den Gemeinderat gegangen und habe den Sachverhalt erläutert. Und gefragt, ob wir bohren sollen." Das Votum des Gemeinderats war eindeutig zustimmend. Jetzt ging es los mit dem Bohren, immer tiefer, immer tiefer. Es kam: nichts. Ulrich Pfeifle wurde nervös. Dann, der OB war wegen eines Bandscheibenvorfalls gerade auf dem Weg ins Krankenhaus, erhielt er einen Anruf von der Bohrstelle: Es komme Wasser. Pfeifle ließ die Bandscheiben, wie sie waren, und eilte zur Bohrstelle. „Es kamen bloß ein paar Tropfen, und ich war enttäuscht. Aber dann wurde klar, dass es Verklebungen gibt, die wir lösen müssen", berichtet der ehemalige Oberbürgermeister. Gesagt, getan: Plötzlich stieg das Wasser an. „Das war eine Granatendreckbrühe", schüttelt sich Pfeifle heute. „Aber wir haben trotz-

Die Lüftungsschornsteine muten in der idyllischen Landschaft fast schon skurril an.

dem einen Zuber aufgestellt und die Leute badeten drin. Sie gingen wohl davon aus, der Dreck sei besonders gesund."

Ulrich Pfeifle badete zunächst noch nicht. Und er schlief auch nicht. Zumindest nicht viel. Ein Horrorszenario hatte sich in seinem Kopf festgebissen: „Ich habe mir ausgemalt, dass der Thermebau steht und das Wasser dann plötzlich versiegt", erinnert sich das ehemalige Stadtoberhaupt. „Aber dann habe ich mich überzeugen lassen, dass das nicht passieren kann, solange es regnet: Das ist nämlich Wasser, das bei Crailsheim versickert und dann auf unterirdischen Wegen nach Aalen fließt." Also wurde gebaut. Und bis dahin durfte weiter im Schlammbecken, das mittlerweile ein Zeltdach bekommen hatte, gebadet werden. „Das war eine richtige Goldgräberstimmung", sagt Pfeifle. Da die Stadt nicht genügend Geld hatte, gründeten Aalens Goldgräber eine Kommanditgesellschaft, kauften für insgesamt sieben Millionen Mark Anteile, die Stadt gab sieben Millionen dazu, vom Bund gab es Zuschüsse.

Und warum wurde die Therme dann nicht an der Bohrstelle, sondern viel weiter weg gebaut? „Ich wollte, dass man die Therme vom Tal aus sehen kann", sagt Pfeifle. „Und eine Pipeline zu legen, war kein Problem."

Und so erinnern nur die Metallteile in der Wiese daran, wo einst gebohrt wurde. Die Deckel versperren den Eingang zu den Brunnen. Und die schornsteinartigen Gebilde sind ihre Lüftungsrohre.

Eva-Maria Bast

Thomas Haller an der Allgeyer-Orgel in der St. Johann-Kirche.

Die Orgel von St. Johann
Bewegtes Geschick eines Instruments

Wenn es etwas gibt, was die Augen von Kirchenmusikdirektor Thomas Haller so richtig zum Leuchten bringt, dann ist es die Geschichte um die Orgel der St. Johann-Kirche. Und das erst recht, wenn es um die Geheimnisse geht, die die Orgel begleiten und zu ihr gehören wie ihr dumpfer, warmer Klang und der Orgelprospekt in barocker Üppigkeit.

Erst vor zwei Jahren ist es Thomas Haller gemeinsam mit acht Frauen und Männern und unter der Begleitung von Kirchenmusikdirektor Burkhart Goethe als Orgelsachverständigem gelungen, den Erbauer der Orgel ausfindig zu machen. „Wir haben tatsächlich die Signatur des Erbauers gefunden", begeistert sich Thomas Haller. Es war die „No. 21" von Joseph Allgeyer, Spross der Orgelbauerfamilie aus Hofen, der „mit 2 Mann" die Orgel im Jahr 1802 gebaut hat. Schon zuvor war dem Forscherteam ein anderer sensationeller Fund gelungen: Drei vierfaltige Keilbälge lagen aufgeschichtet und gut erhalten unter dem Dach in Nachbarschaft zu dem früheren Hauptbalg. „Der Fund der Balganlage von 1802 gehört zu den wenigen

Detailaufnahme mit Erbauungsjahr.

erhaltenen originalen Windversorgungen im Land", weiß Thomas Haller, der in der Landeskirche als Orgelsachverständiger tätig ist.

Im Verhältnis zur Kirchengeschichte von St. Johann geht der Geschichte um diese Allgeyer-Orgel ein vergleichsweise kurzer Prolog voran. 1736 wurde der St. Johann-Kirche die Hausorgel des Stadtschreibers Kraft als erste Orgel gestiftet. Vermutlich handelte es sich dabei um eine Kleinorgel, ein Positiv oder gar ein Portativ. Doch dann scheint die Orgel verschwunden zu sein. Dem Ratsprotokoll vom 11. Juli 1765 ist jedenfalls zu entnehmen, dass zu der Zeit keine Orgel vorhanden war. Was mit der Kleinorgel des Stadtschreibers geschehen ist, ist unbekannt. So mussten die während der Bauzeit der neuen Stadtkirche in die St. Johann-Kirche verlegten Gottesdienste ohne Orgelmusik auskommen.

Dieser Zustand schmerzte Bürgermeister und Senator Christian Friedrich Fürgang. Er zauderte nicht lange und stiftete eine Orgel für das Kirchlein. „Doch der ganz konkrete Anlass für die Stiftung ist nicht bekannt", sagt Thomas Haller. In der dritten Kartusche im Orgelprospekt ist lapidar zu lesen: „Ehre sei Gott für alle Ereignisse, Anno 1802." Zudem wurde die Kirche um ein ganzes Stück erweitert. „Es müssen gewichtige Ereignisse gewesen sein, die Fürgang dazu bewogen haben, zu Gottes Ehr und Preis ein Instrument zu stiften, dessen Erbauung auch noch eine Vergrößerung der Kirche notwendig machte!", resümiert Thomas Haller. Vielleicht, so mutmaßt Haller, war es die Dankbarkeit für das Überstehen von Kriegszeiten oder aber die Begebenheit, die Stadtarchivar Dr. Roland Schurig anlässlich der 200-Jahr-Feier des Instruments geschildert hat. Dabei geht

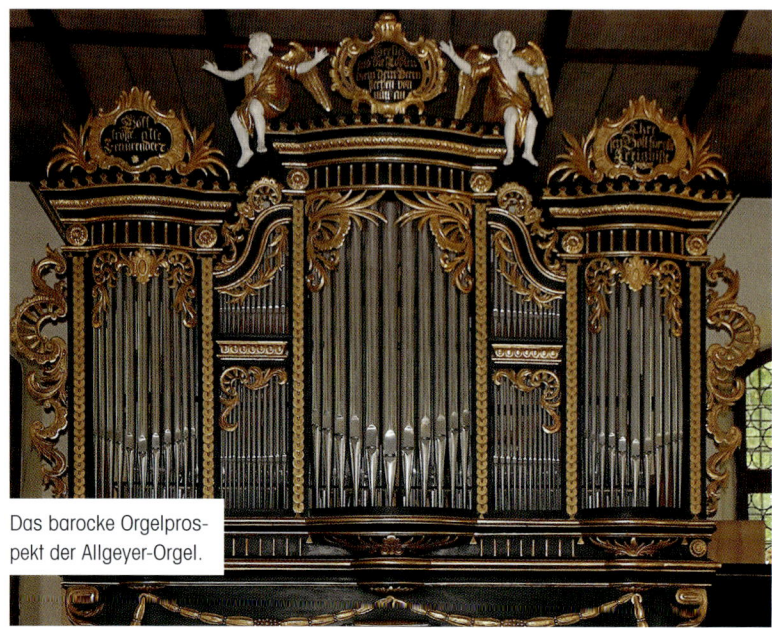

Das barocke Orgelpros-
pekt der Allgeyer-Orgel.

es um einen prekären Gerichtsfall, der im März 1802 verhandelt wurde: Maria Magdalena, die Nichte Fürgangs, war aus Liebe geflohen. Genauer gesagt, sie war mit einem Posamentiergesellen aus dem fürgangschen Betrieb in trauter Zweisamkeit aufgebrochen. Cousin Christoph jedoch folgte dem Paar und brachte die Verliebte nach Aalen zurück. Aus Dankbarkeit, dass Maria Magdalena wohlbehalten zurückgekehrt war, habe Christian Friedrich Fürgang die Orgel gespendet.

Jahre später wurde die St. Johann-Kirche nicht mehr benutzt. Die Feuchtigkeit im Raum, die fehlende Sakristei und der beschwerliche Weg im Winter waren die Gründe dafür. Es entbrannte ein Streit zwischen Bürgermeister Fürgang und dem Stiftungsrat, weil die kostbare Orgel vor sich hinschlummerte. Dieser Streit hatte zur Folge, dass Fürgang die Orgel zurückforderte! Andererseits argumentierte der Stiftungsrat: Da in dem kleinen Kirchlein nicht genügend Platz für die neue Orgel gewesen sei, habe die Spende eine teure bauliche Erweiterung nach sich gezogen – und forderte die Baukosten dafür in Höhe von 1800 Gulden zurück, außerdem die Stiftungsurkunde, die Fürgang jedoch nicht mehr vorliegen hatte. „Die

Angelegenheit wurde schließlich beim Oberamtsgericht verhandelt, das Ergebnis ist unbekannt", berichtet Thomas Haller.

Bereits zu dieser Zeit war das Material der Orgelpfeifen sehr beliebt und in der zumeist offenen Kirche ein leicht zu erbeutendes Diebesgut. Eine Pfeife nach der anderen wurde geklaut und etwa Zinnsoldaten daraus gegossen.

Ein knappes Jahrhundert später waren es wieder die Metallpfeifen, die nicht wegen ihres obertonreichen Klanges, sondern wegen dem Material, aus dem sie bestanden, begehrte Objekte waren. Gegen Ende des Ersten Weltkrieges wurden im Deutschen Reich Glocken und zinnerne Prospekt-Pfeifen zu Kriegszwecken abgegeben und eingeschmolzen. Eine Inschrift an der Allgeyer-Orgel gibt Auskunft über das Schicksal der alten Orgelpfeifen: „Zur Kriegsverwendung alle Metallp(...) die Heeresverwaltung abgeliefert." Gemeint waren hier wohl nicht nur die sichtbaren Außenpfeifen, sondern alle 590 Metallpfeifen.

Aus Dank erbaut, geliebt und gehasst, geplündert und verwahrlost, mühevoll restauriert und wieder zum Klingen gebracht: Die Geschichte der Orgel von St. Johann gleicht einem dramatischen Epos. Thomas Haller spricht von einem „Orgeltorso", den Kirchenmusiker Herbert Tuschhoff zum Ende des Zweiten Weltkrieges vorgefunden und gemeinsam mit dem Orgelsachverständigen Helmut Bornefeld einer ehrgeizigen Erneuerung und Vervollständigung unterzogen hat. 1973 wurde die Orgel neu disponiert und unter Verwendung der historischen Register ihrem Originalzustand näher gebracht.

Heute wird die Orgel der St. Johann-Kirche fast genauso oft gespielt, wie die Rieger-Orgel in der Stadtkirche. Viele Regelgottesdienste finden dort statt. Nun soll sie restauriert werden, damit ihr Klang noch viele weitere Generationen beglücken kann.

Sibylle Schwenk

So geht's zur Orgel:

Die Orgel befindet sich in der St. Johann-Kirche auf dem gleichnamigen Friedhof in Aalen. Dieser befindet sich zwischen der St. Johann-Straße und dem Limes-Museum.

Die hellen Platten ziehen sich durch die ganze Innenstadt.

Helle Plattenwege
Plätschernde Bächlein sorgten für Sicherheit

Durch die Aalener Fußgängerzone ziehen sich schmale weiße Streifen, in deren Mitte sich kleine Ablaufgitter befinden. Dass die Gitter der Entwässerung der Straßen dienen, ist unschwer zu erraten. Was aber hat es mit den weißen Streifen auf sich? Sollen die Ablaufgitter dadurch einfach verschönert werden? „Nein", sagt die kundige Aalenerin Elisabeth Keiner. „Die weißen Platten sollen an die Stadtbäche erinnern, die früher durch die ganze Stadt liefen." Ihnen kam aber weitaus größere Bedeutung zu als nur jene, die Bürger mit ihrem munteren Plätschern zu erfreuen. „Sie dienten der Brandbekämpfung", erklärt Keiner. „Wenn es brannte, hat man aus dem Stadtbach Wasser in ein Gefäß geschüttet und von dort aus in die Löschschläuche gepumpt." Warum man die Schläuche nicht gleich aus dem Stadtbach befüllte? „Es war zu wenig Wasser drin", erklärt Keiner. „Das musste man erst ansammeln."

Eine wichtige Funktion sei im Brandfall auch dem Türmer zugekommen: „Wenn es brannte, musste er die Glocke schlagen." Es reichte freilich nicht aus, die Bevölkerung nur darüber zu informieren, dass es brannte. „Um den Brand bekämpfen zu können, musste man ja auch wissen, wo es brannte", erzählt sie. Damit die Helfer am Boden wussten, in welche Richtung sie ausrücken müssen, habe der Turmwächter tags eine rote Fahne und nachts ein Licht aus genau dem Fenster gehalten, das in der Himmelsrichtung des Brandes lag. „Es gab ja in jede Himmelsrichtung ein Fenster", erläutert die Alt-Aalenerin. (Siehe Geheimnis 12)

Doch diese Vorkehrungen zur Brandbekämpfung reichten nicht aus: Auch mehr als 200 Jahre

> **So geht's zu den Platten:**
>
> Die ehemaligen Stadtbäche verlaufen durch die ganze Aalener Innenstadt: Überall sind die großen, hellen Platten zu finden.

nach dem großen Stadtbrand von 1634, brannten 1865 die Gebäude am Spritzenhausplatz nieder. „13 Familien sind obdachlos geworden", berichtet sie. Der damalige Feuerwehrkommandant Hugo Closs habe nach dem Brand dafür gesorgt, dass Hydranten angeschafft werden. „Damit hat er wirklich viel für die Sicherheit unserer Stadt getan", lobt Keiner.

Die nun nicht mehr zur Brandbekämpfung benötigten Stadtbäche wurden um 1900 geschlossen. Jetzt fließen sie unterirdisch durch Aalen und nur die hellen Platten künden noch von ihrem Dasein.

Eva-Maria Bast

Eugen und Erwin Hafner am Fanny-Kahn-Weg.

29

Fanny-Kahn-Weg

„Brauchst nicht bei mir stehen bleiben ...“

Vielleicht würde Fanny Kahn heute selbst gerne über den malerischen Weg entlang des Kochers streifen, der nach ihr benannt wurde und gleichsam durch eine grüne Oase mitten in der Stadt führt. Ihr Haus in der heutigen Oesterleinstraße wurde mittlerweile abgerissen. Dennoch bleiben die Erinnerungen an Fanny Kahn haften: ein Beispiel für die tragische, immer wieder unfassbare Geschichte der Judenverfolgung im Dritten Reich.

Fanny Kahn hatte keine Kinder, die ihr Leben hätten weitertragen können. Die Brüder Eugen und Erwin Hafner aber haben dafür gesorgt, dass ihr Schicksal nicht in Vergessenheit gerät und dieser Weg am Kocher nach ihr benannt wurde. Erwin Hafner erinnert sich noch genau an diese Zeit vor und während dem Zweiten Weltkrieg. Er besuchte damals die Schubart-Oberschule am Stadtpark Rohrwang. „Dort wurde uns laufend eingetrichtert, das die Juden am Krieg schuldig und überhaupt minderwertige Menschen seien", berichtet der ehemalige Chefredakteur der Schwäbischen Post Erwin Hafner. Regelrecht infiltriert wurden die Schüler, und bald wussten die jungen Burschen auch, wie ein „richtiger" Jude aussieht: „Der hot an Judazenka", (eine „Judennase"), und der Davidstern sollte sie alle stigmatisieren. „Wir haben allerdings nie einen Juden gesehen", sagt Erwin Hafner. Deshalb waren die Buben ganz aus dem Häuschen, als tatsächlich einmal eine Frau mit Davidstern auf der Brust, die allerdings keine Aalener Jüdin war, Richtung Bahnhof ging. „Wir sind ihr hinterhergelaufen und haben sie begafft wie ein Affe im Zirkus", weiß Erwin Hafner noch, wofür er sich später fürchterlich schämte. Die Jüdin wurde nach Oberdorf deportiert und „kam ins Gas".

Ein ähnliches Schicksal erlitt eben jene Fanny Kahn, von der bekannt ist, dass sie als einzige Aalener Jüdin nicht dem Holocaust entkommen konnte. Nach ihrer Deportation von Aalen nach Oberdorf als „Frau Fanny Sara Kahn Ww." führte ihr tragischer Weg nach Theresienstadt und später nach Maly Trostinec bei Minsk, wo sich – wie Eugen Hafner recherchierte – ihre Spur verliert.

Es war die Liebe gewesen, die Fanny Kahn einst im Jahr 1908 von ihrem Geburtsort Rockershausen bei Saarbrücken nach Aalen gebracht hatte. Sie heiratete den Viehhändler Ludwig Kahn und brachte ein kleines Kapital mit in die Ehe. Da kaufte sich das Paar in der damaligen Kocherstraße (heute Oesterleinstraße) ein Haus. Ludwig Kahn zog in den Krieg und kehrte nach dessen Ende, gesundheitlich schwer angeschlagen, nach Hause zurück. Bald darauf verstarb er im Juli 1919 im Wilhelm-Spital in Stuttgart.

Wieder war Fanny Kahn auf sich allein gestellt. Als Tochter aus gut bürgerlichem Haus besaß sie einen Flügel und beherrschte das Klavierspiel so gut, dass sie Aalener Kindern Klavierunterricht geben konnte. Zusätzlich eröffnete sie in den 20er Jahren einen Handel mit Korbmöbeln. Recht einsam lebte Fanny Kahn dort in ihrem Haus in den Kocherwiesen, pflegte jedoch die Kontakte zu den Nachbarn. Besonders die Kinder waren ihr ans Herz gewachsen. Sie las ihnen Märchen vor und beschenkte sie zur Osterzeit mit Matzen, den ungesäuerten Brotfladen.

Von der stetig zunehmenden Judenhetze in den 30er-Jahren blieb Fanny Kahn zunächst verschont. Auch in der „Reichskristallnacht" am 9. November 1938 geschah ihr nichts. Spurlos ist die Diffamierung aber nicht an ihr vorbeigegangen. Fanny Kahn

So geht's zum Fanny-Kahn-Weg:

Der Fanny-Kahn-Weg beginnt am Haus der Jugend (Friedhofstraße 8, Aalen) und verläuft parallel zum Kocher.

wusste sehr wohl, dass es nicht opportun war, mit Juden zu verkehren. Damals erklärte sie ihren Bekannten in aller Freundlichkeit: „Du brauchst mich nicht zu grüßen und bei mir stehenzubleiben, das verschafft dir nur Unannehmlichkeiten, ich kann das verstehen." Am 14. Juli 1941 wurde Fanny Kahn frühmorgens von der Gestapo abgeholt und nach Oberdorf gebracht, wo alle Juden aus Ostwürttemberg konzentriert wurden.

Vor ihrer Deportation hatte Fanny Kahn den Aalener Hitler-Gegner Josef Jerg gebeten, ihr ihren Konzertflügel abzukaufen. Jerg kam dem Wunsch Fanny Kahns nach, und so stand der Flügel bis lange nach dem Tod von Josef Jergs Sohn Wolfgang in dessen Wohnung. Wolfgangs Schwester Hildegard Klaus vermachte den Flügel ihrer Tochter Lili Beck. Diese nahm das Instrument mit an ihren Wohnort Mössingen und stellte den Flügel dort dem katholischen Kirchenchor zur Verfügung. Jede Woche scharen sich seitdem die Chormitglieder zum Gotteslob um diesen Flügel und pflegen somit auf die beste Weise überhaupt das Andenken an eine bewundernswerte Frau, deren Schicksal unvergessen bleiben sollte.

Im März 1993 suchte Eugen Hafner die Gedächtnisstätte der Opfer des Holocaust, „Yad Vashem", in Jerusalem auf. In der „Halle der Namen" fand er auch die Dokumentationsbände mit den Namen der Holocaust-Opfer aus Deutschland. Der Name Kahn ist vielfach vertreten. Auch Fanny Kahn fehlt nicht, Geburtsdatum und Ort stimmen, das Todesdatum konnte nicht genau ermittelt werden.

Sibylle Schwenk

30

Wo heute Endstation ist, begann früher alles: Heidrun Heckmann vor der einstigen Frauenarbeitschule.

Frauenarbeitsschule
Vom Anfang zum Ende

Es ist kein Gebäude, dem man einen zweiten Blick schenken würde. Groß und schmucklos steht es an der viel befahrenen Friedrichstraße und fügt sich unauffällig in die umliegende Bebauung ein. Dabei kommt diesem Haus eine große Bedeutung zu: „Hier befand sich einst die Frauenarbeitsschule, die Pauline Rieger und ihre Schwester im Jahr 1883 gegründet haben", erzählt die Wasseralfingerin Heidrun Heckmann, die sich intensiv mit der Geschichte der Frauen in der Stadt beschäftigt hat. „Im Jahr 1895 waren ein Fünftel aller berufstätigen Frauen Dienstmägde", sagt Heckmann. Eine höhere Bildung sei für Frauen zur damaligen Zeit nicht vorgesehen gewesen, wenigstens aber waren die Gründerinnen der Aalener Frauenarbeitsschule der Ansicht, dass ihre Geschlechtsgenossinnen gut auf ihre häuslichen Aufgaben, sei es nun als Dienstmagd oder Hausfrau, vorbereitet werden müssen. 30 bis 40 Schülerinnen soll die Frauenarbeitsschule stets gehabt haben. „Sie lernten nähen, kochen und erfuhren, worauf es bei der Zusammenstellung ihrer Aussteuer ankommt", erklärt Heckmann und erinnert an die Herkunft des Sprichwortes „Jemanden vom Fleck weg heiraten'. Der Fleck, erzählt Heckmann, sei ein Stoffmusterstück, auf dem die Frauen ihr näherisches Können darlegten: Alle Nähte, Spitzen und Säume waren darauf platziert. „War ein junger Mann heiratswillig, ließ er sich von der Auserwähl-

Die einstige Frauenarbeitsschule.

ten den Fleck zeigen. Fiel dieser zu seiner Zufriedenheit aus, stand einer Hochzeit nichts mehr im Wege." Häufig warf freilich statt des jungen Mannes die künftige Schwiegermutter einen Blick auf den Fleck. „Eine gute Ausbildung in diesen Dingen war also für eine junge Frau durchaus grundlegend für die Zukunft", unterstreicht Heckmann die Bedeutung der Frauenarbeitsschule.

Übrigens: In ihrem Gründungsjahr fand der Unterricht noch im Knabenschulhaus, dem heutigen Reichsstädter Markt, statt. Bereits im zweiten Jahr erfolgte dann der Umzug in das schmucklose Haus in der Friedrichstraße. Was Heidrun Heckmann besonders erheitert, ist das Schild, das heute an der Hauswand prangt. „Endstation" steht darauf zu lesen, ein Gastronom macht damit für seine so heißende Gaststätte Werbung. „Damals fing für die Frauen in diesem Haus alles an, heute ist es Endstation", schmunzelt Heckmann. Der Witz geht sogar noch ein klein wenig tiefer: Hätte sich eine Frau zur damaligen Zeit einfach alleine in einen Gastronomiebetrieb gewagt, wäre das für sie wohl wirklich die Endstation gewesen. Zumindest wären ihr ihre Mitbürger hernach ziemlich sicher mit stark gerümpften Nasen gegenübergetreten.

Eva-Maria Bast

So geht's zur ehemaligen Frauenarbeitsschule:

Das Gebäude befindet sich in der Friedrichstraße 17 im Aalen.

101

Die Stephanus-Kapelle wird im Volksmund „Altes Kirchle" genannt.

Altes Kirchle
Frühe Baukunst an der Kocherfurt

Schmuck steht sie da – die kleine Kirche mit gotischem Chorraum – und passt sich mit ihren warmen Farben herrlich in das geschmeidige Landschaftsbild am Kocher ein. Die Glocke der im Volksmund liebevoll das „Alte Kirchle" genannten Stephanus-Kapelle klingt hell und kündet von einer langen Geschichte. Und tatsächlich: Nach dem Wasseralfinger Schloss ist das Alte Kirchle das zweitälteste Gebäude im Ort. Nicht durch Zufall ist es gerade an diesem Platz entstanden.

„An dieser Stelle verlief der Kocher ganz flach und konnte in einer Furt überquert werden", erläutert der Wasseralfinger Geschichtskundler Erik Hofmann. Die Menschen mussten also hier vorbeigehen, wenn sie den Fluss überqueren wollten. Dort, an der heutigen Ritter-Ulrich-Straße, entstand eine Art Knotenpunkt. 1353 erkannte Ritter Ulrich von Ahelfingen, dass dies der ideale Standort für ein geistliches Refugium war. Also stiftete der Ortsadelige die Kapelle und richtete gleichzeitig eine Kaplanei ein, die bis 1834 bestehen sollte. „Auch", so sagt

Erik Hofmann, „um in Wasseralfingen einen besonderen Ort zum Beten zu haben." Denn Wasseralfingen gehörte über Jahrhunderte in jeglicher Hinsicht zur Mutterkirche Hofen. Und deshalb gab es vor Ort weder eine Kirche noch einen Friedhof. Das sollte sich erst viel später, in der Mitte des 19. Jahrhunderts, mit der Erhebung zur Pfarrkirche ändern.

Wolfgang von Ahelfingen-Wasseralfingen, der letzte Ahelfinger Ritter, ließ 1530 die Stephanus-Kapelle erweitern, indem der heutige Chorraum als neue, größere Kapelle im hochgotischen Stil angebaut wurde. Wohl um dieselbe Zeit stiftete er den wert-vollen Flügelaltar des Ulmer Meisters Martin Schaffner. Dieser Altar stellt das bedeutendste spät-mittelalterliche Kunstwerk im Aalener Stadtraum dar. In zwei beweglichen Flügeln, zwei Stand-flügeln und einem vollplastisch gestalteten Schrein zeigt er ein reiches Bildprogramm. Im Schrein stehen drei farbig gefasste unter-lebensgroße Schnitzfiguren: Maria mit Kind, links von ihr der Kapellenpatron Stephanus mit Steinen und Buch, rechts der Evangelist Matthäus mit Buch. Über der Madonna schweben zwei kronenhaltende Putten. Zu Füßen der Madonna kniet das

Der Schaffner-Altar im Alten Kirchle.

betende Stifterpaar Wolfgang von Ahelfingen und seine dritte Ehefrau Margarethe von Rechberg, beide ausgewiesen durch ihr Wappen. Auf den Flügeln erscheinen bei geöffnetem Zustand Anna Selbdritt und Johannes der Täufer, bei geschlossenem Zustand die Heilige Katharina und die Heilige Margareta.

„Der Altar kam gerade noch zur rechten Zeit", erzählt Erik Hofmann. Fünfzehn Jahre nach dessen Aufbau nämlich – im Jahr 1545 – verstarb Wolfgang von Ahelfingen trotz seiner vier Ehen kinderlos als letzter

**So geht's zum
Alten Kirchle:**

Das Alte Kirchle befindet
sich in der Ritter-Ulrich-
Straße in Wasseralfingen.

männlicher Spross seines Stam-
mes." Der Altar jedoch sollte ihm
ein ewiges Andenken bewahren.

Im 19. Jahrhundert stiegen die
Ansprüche der Wasseralfinger –
auch an eine Gebetsstätte. 1802
wurde die Fürstpropstei Ellwangen aufgelöst. Wasseralfingen
kam zum Königreich Württemberg, das Hüttenwerk expandierte und
damit auch die Einwohnerzahl. Nach langer Auseinandersetzung mit
dem Hofener Pfarrer erreichte Schultheiß Lorenz 1834 die Loslösung
von der Mutterkirche Hofen und die Errichtung einer eigenen katholischen Pfarrei in Wasseralfingen. Das Alte Kirchle wurde nun Pfarrkirche! Es erhielt als notwendige Erweiterung einen zweiten großen
Anbau an die einstige Kapelle. In unmittelbarer Nachbarschaft wurde
im Jahr 1822 die erste Wasseralfinger Volksschule eröffnet. Sie besaß
einen direkten Zugang zum Kirchenraum und wurde später, von 1883
bis 1976, als Pflege- und Altenheim genutzt.

Mit dem sich industriell rasant weiterentwickelnden Ort nahm die Zahl
der Katholiken stark zu und die Stephanus-Kapelle reichte als Pfarrkirche nicht mehr aus. So wurde die Stephanus-Kirche gebaut und
1883 geweiht. Damit verlor das Alte Kirchle seinen Status als Pfarrkirche und wurde der bürgerlichen Gemeinde zugesprochen. Es sollte
fast 100 Jahre dauern, bis es wieder zur katholischen Kirchengemeinde
zurückkam.

Nach umfangreichen Renovierungsarbeiten 1977 wurde das Alte
Kirchle – die Stephanus-Kapelle – neu eingeweiht. Heute finden dort
Taufen, Hochzeiten und Andachten statt. Neben der frühen Baukunst,
die das Alte Kirchle auch heute noch als wahres Kleinod erstrahlen
lässt, ist es die Kunst im Innenraum, die einen Besuch dort erstrebens-
wert macht. Und wer genau hinsieht, erkennt Wolfgang von Ahelfingen und Margarete von Rechberg am Gewand Mariens, die sich dort
geborgen und aufgehoben fühlen.

Sibylle Schwenk

Wo einst revolutionäre Reden geschwungen wurden, spielen heute Kinder.

Turnplatz

„... no gang i au net mit"

Es ist ein friedlicher, von großen Bäumen bestandener Platz. Das
einzige Geräusch, das an das Ohr dessen dringen könnte, der hier
verweilt, ist das Lachen der Kinder, die sich kreischend auf dem Spielplatz vergnügen. Nur schwer kann man sich vorstellen, dass hier einst,
im Jahre 1848, im Zuge der Märzrevolution freiheitliche Reden
geschwungen worden sein sollen – und dass sogar eine Frau das Wort
ergriff. „Wobei – so stürmisch wie andernorts war die Revolution
nicht", kommentiert die Alt-Aalenerin Dorothea Trukenmüller, die in
der Nähe des Turnplatzes lebt. Warum – neben anderen Orten – ausgerechnet der Turnplatz für die Versammlungen herhalten musste?

Dorothea Trukenmüller auf dem einstigen Turnplatz.

„Zum einen bot er viel Platz", erläutert Trukenmüller. „Und zum anderen gehörten viele der Leute, die für Hecker waren, der Turnbewegung an." Friedrich Hecker war eine der Hauptfiguren der Revolution. Er kämpfte im April 1848 für die Ziele der Märzrevolution und wollte die Monarchie stürzen und eine Republik errichten. Als eine der wichtigsten Aktionen der Revolution galt der Heckerzug, bei dem am 12. April mehrere hundert Bewaffnete von Konstanz aus in Richtung Karlsruhe starteten. Dort wollten sie mit tausenden Anhängern die Regierung stürzen. Doch der Heckerzug scheiterte am Widerstand von Truppen des Deutschen Bundes. Hecker flüchtete zunächst in die Schweiz, dann nach Nordamerika. Auch einige Aalener sollen ihn auf dem so genannten „Hecker-Zug" begleitet haben. Viele ware es allerdings nicht: „Es gab hier nur wenige, die ausmarschierten, und diese waren beim Turnverein, der als Waffen Hellebarden hatte; allein die kamen nicht mehr ins Gefecht", schreibt Gebhard Stützel, der die Revolution als Kind miterlebte, in seinen Erinnerungen. Die Hälfte „der sechs namentlich bekannten Aalener Heckerleute" könne man mit der Turnergemeinde in Verbindung bringen, schreibt Peter Brodbeil. Sogar ihre Namen und Schicksale sind bekannt: Der Buchbindergeselle Christian Sappewird habe im September 1848 mit einer Turnerwehr eine Volksversammlung in Ellwangen zur republikanischen Kundgebung umfunktioniert. Der anschließend angefertigte Untersuchungsbericht gegen ihn zeige, dass „er sich früher längere Zeit bei Hecker aufgehalten haben soll". Auch Karl Siehler und Lorenz Simon hätten sich „den badischen Freischaren anschlossen", sie waren ebenfalls Mitglieder der Turngemeinde Aalens.

Gebhard Stützel fand all diese Ereignisse sehr unterhaltsam. Zumal öfters die Schule ausfiel, „weil nebenan im Ritter die Revolutionäre (...) freiheitliche Lieder sangen und dabei dermaßen krakeelten, daß es unmöglich war, Unterricht zu erteilen." Spannend fanden die Schulbu-

So geht's zum Turnplatz:

Der Turnplatz befindet sich zwischen der Jahnstraße und der Walkstraße in Aalen.

ben es auch, wenn die Bürgerwehr „mit ihren Musketen auf der Achsel ausrückte und auf dem Fackelwasen oder der Steinbreite, wohin wir Buben immer mitzogen, exerzierte". Als es jedoch geheißen habe, „die Bürgerwehr müsse ins Badische marschieren, da fiel den meisten das Herz in die Hosen. Man hörte oft sagen: ‚Wenn der Kaspar und der Hansjörg net mitganget, no gang i au net mit'. Da aber der Kaspar und der Hansjörg nicht mitgingen, so blieb der Johannes auch zu Hause."

Kaspar, Hansjörg und Johannes blieben also lieber daheim und überließen anderen die Revolution. Und das ist wohl der Grund, warum Dorothea Trukenmüller sagt, anderswo sei sie schwungvoller vonstatten gegangen. Insofern passt der ruhige, friedliche Platz vielleicht doch.

Eva-Maria Bast

Maria Busch am nunmehr mit
einer Betonplatte verschlossenen
Eingang zum Luftschutzkeller.

Luftschutzkeller

Ein zweites Zuhause unter Tage

Nicht einmal zehn Jahre alt war Maria Busch, als Jagdbomber die Wasseralfinger im Zweiten Weltkrieg in Angst und Schrecken versetzten. Die
heulenden Sirenen kündigten drohendes Unheil an, und die Familien, die
rund um die heutige Karlstraße lebten, suchten Schutz im Luftschutzkeller,
einem Gewölbegang der ehemaligen Brauerei Eugen Jooß. Heute noch ist
der Eingang des Brauerei-Kellers zu sehen. Am grünen Hang Richtung
Stephanspark ist er mit einer recht unansehnlichen Betonplatte verschlos-
sen worden. Maria Busch jedoch kribbelt es immer noch unangenehm im
Magen, wenn sie daran vorbeigeht.

Auch der Kastanienbaum steht noch, unter dem sie als Kind gespielt hat.
„Wir sind oft dort gewesen", erinnert sie sich. Den Krieg hätten sie damals
als Kinder gar nicht so ernst genommen. Es gehörte einfach dazu, mitten

in der Nacht das Nötigste zusammenzupacken, „die Mutter hatte alles so hingelegt, dass wir es nur noch schnappen mussten", und unter dem Sirenengeheul ins Zuhause unter Tage zu flüchten. „Es war ein großer Keller mit Pritschen, wo sich die Großmutter hinlegen konnte", erzählt Maria Busch. Ziel war es, möglichst weit in den Keller einzudringen, um gut geschützt zu sein. Heute denkt sie anders darüber: „Wenn wir damals getroffen worden wären, hätten wir keine Chance gehabt."

Doch wie durch ein Wunder blieb Wasseralfingen weitgehend verschont. Trotz der großen Betriebe, trotz kriegswichtiger Fertigungen. Bei dem schweren Angriff auf Aalen im April 1945, bei dem der dortige Bahnhof mit Umgebung und weitere Teile der Stadt zerstört wurden, bekam Wasseralfingen nichts ab. Rund 500 Tote und Vermisste hatte Wasseralfingen dennoch nach dem Zweiten Weltkrieg zu beklagen.

Und noch ein weiteres Bild aus Kriegszeiten hat sich in Maria Buschs Erinnerung eingebrannt: Unter Kriegsbedingungen kamen massenhaft ausländische Zwangsarbeiter und Zwangsarbeiterinnen auf dem Bahnhof an. In einer Statistik vom 20. November 1942 meldete der Arbeitsamtsbezirk Aalen rund 6700 ausländische Zwangsarbeiter, die meisten stammten aus der ehemaligen Sowjetunion und Polen. Überall wurden die Zwangsarbeiter untergebracht. „Wir waren total voll", erinnert sich Zeitzeuge Josef Hegele. Als der Platz nicht mehr ausreichte, wurden Barackenlager erstellt. Allein um Wasseralfingen herum entstanden sieben solche Lager, in denen Kriegsgefangene und so genannte „Ostarbeiter" untergebracht wurden.

Am 27. September 1944 nahm das KZ-Außenkommando Wasseralfingen den Betrieb auf: Die ersten 400 Häftlinge kamen aus dem Konzentrationslager Dachau (siehe Geheimnis 25). Zwei Tage nach ihrer Ankunft begann die mörderische Arbeit in den Stollen. „Ich erinnere mich noch genau an die

Das Gedenkkreuz erinnert an die in Wasseralfingen verstorbenen polnischen Juden.

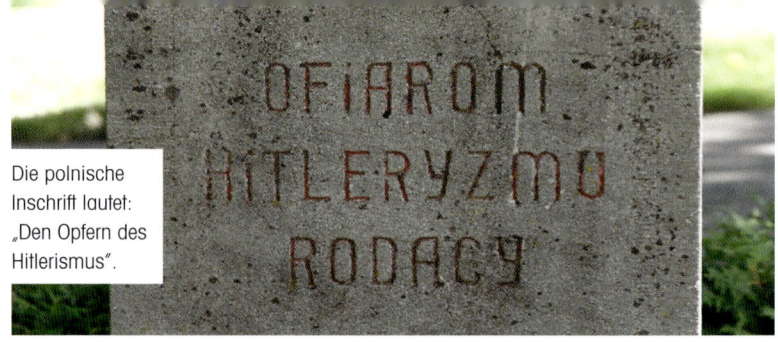

Die polnische Inschrift lautet: „Den Opfern des Hitlerismus".

So geht's zum Eingang des Luftschutzbunkers:

Die Betonplatte des Luftschutzbunkers befindet sich in der Karlstraße unterhalb des Stephansparks in Wasseralfingen.
Der Gedenkstein mit der pol nischen Inschrift steht auf dem Wasseralfinger Friedhof. Dieser befindet sich zwischen der Haller Straße und an der Ellwanger Straße.

gestreiften, dünnen Anzüge der Häftlinge", sagt Maria Busch. Ständig musste sie als Kind daran denken, wie sehr die abgemagerten, ausgemergelten Menschen in ihren dünnen Anzügen frieren mussten. Kurzerhand schlich sich die kleine Maria in den Vorratskeller ihrer Eltern, nahm in die Hände was ging und brachte den Ankommenden Kartoffeln, Äpfel und gelbe Rüben.

Im Februar 1945 wurde das KZ-Außenkommando Wasseralfingen aufgelöst und die Insassen traten die Todesmärsche Richtung Dachau an. Sterbenskranke, die nicht mehr gehen konnten, wurden in andere Lager abtransportiert. Die in Wasseralfingen Verstorbenen wurden mit Pritschenwagen zum Friedhof gefahren und dort, außerhalb der Umfriedung, in einem Massengrab beerdigt.

Nach der Befreiung mussten auf Befehl der US-Militärverwaltung ehemalige Nationalsozialisten die Toten aus dem Massengrab außerhalb des Friedhofs exhumieren. Danach erfolgte ihre feierliche Beisetzung in einem russischen und einem polnischen Gräberfeld auf dem Wasseralfinger Friedhof. Polnische Überlebende errichteten dort 1945 ein Mahnmal mit der Inschrift in polnischer Sprache: „Den Opfern des Hitlerismus". Einen weiteren Gedenkstein ließ die Stadt Aalen 1985 errichten.

Sibylle Schwenk

Der römische Opferstein.

Römischer Opferstein

Heidnische Spolie in christlicher Altarwand

Etwas oberhalb der Fresken an der Westwand der Johannes-Kirche, die auch unter dem Namen St. Johann-Kirche bekannt ist, findet sich ein viereckiger Stein. Allzu leicht kann es passieren, dass der Stein übersehen wird, weil der Blick des Kirchenbesuchers entzückt auf den Malereien verweilt, die sich etwas tiefer befinden. Dabei handelt es sich bei dem Stein um ein wahrhaft verblüffendes Relikt: „Man konnte nachweisen, dass das ein Opferaltar aus römischer Zeit ist", erzählt die Kunsthistorikerin Dr. Magdalene Gärtner, die sich ausgiebig mit der Geschichte der Johannes-Kirche beschäftigt hat. „Dass hier im Bereich des Altars eine heidnische Opferstätte vermauert wurde, das finde ich wirklich spannend", sagt sie. Ob der Stein absichtlich dort hingeriet? „Das glaube ich nicht", meint Magdalene Gärtner. „Wenn es Absicht gewesen wäre, hätte man ihn stärker hervorgehoben." Die Kunsthistorikerin weiß, dass es sich bei dem Stein um eine Spolie, also um ein Überbleibsel aus Bauresten älterer Kulturen, handelt. Der Opferaltar ist nicht die einzige Spolie in der Johannes-Kirche: Teile des Gotteshauses wurden aus Spolien des verlassenen römischen Kastells errichtet, das sich einst fast bis an den Platz herabzog, auf dem jetzt die Johannes-Kirche steht. „Das Kastell bot für die Erbauer der Johannes-Kirche einen wunderbaren Steinbruch mit behauenen Steinen", erklärt die Kunsthistorikerin. „Ich vermute, dass der Opferstein im Kastell vermauert war und beim Bau der Kirche zufällig an diese Stelle geriet." Dass der heidnische Opferstein ausgerechnet in der Altarwand vermauert

So ist der römische Opferstein in die Wand eingepasst.

wurde, zeigt, dass der Zufall eine kräftige Portion Humor besitzt.

Bis zur Sanierung der Johannes-Kirche in den Jahren 1973–1975 war der Stein verputzt und übertüncht. Auf ihn aufmerksam wurden die Restauratoren wegen der besonderen Art, wie er behauen ist: Anhand eines ähnlichen Steins, der in Kirchheim/Ries gefunden wurde, habe man den Fund einordnen können. „Dort sitzt er im Sockel eines Opferaltars. Daher ist das eindeutig", sagt Magdalene Gärtner. Auch die Malereien, die sich etwas unterhalb des Steines befinden, waren über Jahrhunderte hinweg übertüncht. „Es ist ein sensationeller Fund", begeistert sich Gärtner. Die ursprünglichen Malereien stammten aus der Romanik und gingen ansatzweise in die Gotik über, die Rekonstruktionen seien im 19. Jahrhundert oder später entstanden. Aus den fragmentarisch

> **So geht's zum römischen Opferstein:**
>
> Die Johannes-Kirche steht auf dem Aalener St. Johann-Friedhof neben der St. Johann-Straße und unterhalb des Limes-Museums.
> Der Stein ist in die Westwand eingelassen.

112

Magdalene Gärtner erklärt die Fresken in der Johannes-Kirche.

erhaltenen Malschichten schließt Magdalene Gärtner, dass es sich einst um ein sehr farbenfrohes Werk gehandelt haben muss. „Die Szene in der Mitte stellt ganz eindeutig das Abendmahl dar, über die Malerei, die sich in den Registern rechts, links und über dem Abendmahl befinden, kann man ganz wenig sagen", erklärt die Kunsthistorikerin. „Aber es ist gut möglich, dass das Abendmahl in andere Passionsszenen eingebunden war."

Magdalene Gärtner vermutet, dass alle Wände der Johannes-Kirche bemalt waren. Zumindest der östliche Teil der Kirche ist aber jünger als der westliche, und als der Ostteil erweitert wurde, wurden die Fresken wohl mit der Wand entfernt. „Es gab eine nahezu quadratische erste Kirche, die im 12. oder 13. Jahrhundert erbaut wurde", erzählt Magdalene Gärtner. Der östliche Teil, etwa ab Höhe des schmalen Fensters auf der Südseite, ist neueren Datums.

Die Johannes-Kirche ist also ein wunderbares Zeugnis der verschiedensten bau-, kunst- und religionsgeschichtlichen Epochen. Und das älteste Relikt ist der kleine, unbeachtete Opferstein an der Westseite.

Eva-Maria Bast

35

In der Ritterschule zitterten einst die Kinder vor ihren Lehrern.

Ritterschule
„Ich bin ein hirnverrückter Bube"

Sie wirkt eigentlich ganz harmlos, die Ritterschule in der Straße „An der Stadtkirche". Wer heute daran vorbeigeht und das schöne Fachwerkhaus betrachtet, kann nicht ahnen, dass hier einst viele kleine Jungen vor ihren strengen Lehrern zittern mussten. Kleine Jungen? Eigentlich war die Ritterschule doch eine Mädchenschule! „Nach dem Zweiten Weltkrieg gab es große Wirren in der Stadt", erinnert sich Fritz Walter. Er selbst war seither Schüler der Knabenschule, deren Gebäude jedoch vom Militärregime der Amerikaner belegt wurde – und so mussten die Buben in die Ritterschule „auswandern". Die Mädchen zogen infolgedessen in die Bohlschule, „damit alles seine Ordnung hat".

Fritz Walter erinnert sich an einen besonderen Tag in der Ritterschule. Ein Ausflug nach Oberkochen war geplant und die Lehrerin gab Anweisung, man treffe sich bei gutem Wetter um 8 Uhr am Bahnhof. Fritz Walter und seine Schulkameraden waren am nächsten

Tag pünktlich zur Stelle und warteten auf die Lehrerin – vergebens. Gut, das Wetter war jetzt nicht so, wie man es sich gerade wünscht. Aber in die Schule gehen wollten die Buben dann auch nicht. So stiegen sie in den Zug nach Oberkochen und verbrachten einen vergnüglichen Tag.

Alles andere als vergnüglich war allerdings der nächste Morgen in der Ritterschule. „Antreten! Vortreten! Umdrehen! Hinlegen!", schrie die Lehrerin empört und verteilte Tatzen und Hiebe auf den Allerwertesten. „Ich erinnere mich, als wäre es gestern gewesen", lächelt Fritz Walter. Der Schläge nicht genug, bekamen alle noch eine saftige Strafarbeit: Schönschreiben! „Wir konnten uns noch raussuchen, ob wir es einmal schreiben und zwei Mark bezahlen oder zwanzig Mal schreiben und nichts mehr bezahlen." Natürlich war Mutter Walter nicht sonderlich begeistert, und so musste der kleine Fritz zwanzig Mal in Schönschrift („Für mich die Höchststrafe!") in sein Deutschheft schreiben: „Ein richtiger Schüler macht Augen und Ohren auf und hört auf die Lehrerin und gehorcht ihr. Ich bin jetzt im fünften Schuljahr und kann das noch nicht. Ich bin so dumm gewesen, und habe das Regenwetter als Wanderwetter angesehen. Ich bin ohne Erlaubnis meiner Eltern und meiner Lehrerin im Regen herum spaziert anstatt in die Schule zu kommen. Ich bin ein hirnverrückter Bube."

Zwanzig Mal in Schönschrift. Was für eine Strafe!

Das Aalener Schulwesen kann auf eine lange Entwicklung zurückblicken. Seit dem Mittelalter waren in Zusammenhang mit den Pfarrkirchen der Stadt Schulen entstanden, die den Bürgersöhnen die Grundlagen gelehrter Bildung vermittelten. In Aalen finden sich bereits seit 1447 urkundliche Hinweise auf das Vorhandensein einer solchen Schule. Es handelte sich dabei um eine reine Lateinschule. Eine völlige Neugestaltung des Schulwesens brachte die Reformation mit sich, welche die Interessen weithin vom wissenschaftlichen auf das religiöse Gebiet verla-

> **So geht's zur Ritterschule:**
>
> Die Ritterschule befindet sich in der Straße „An der Stadtkirche" 23 in Aalen.

gerte. In den evangelisch gewordenen Gebieten entstanden so genannte „deutsche" Schulen als Vorläufer der heutigen Grund- und Hauptschulen. Auch in Aalen gab es neben den „Lateinern" seitdem „deutsche" Schüler.

1811 wurde – am Platz der späteren Ritterschule – ein weiteres Schulgebäude errichtet, das 1860 wegen des unzureichenden Raumangebots abgebrochen und anschließend neu erbaut wurde. Dieses neue, großzügige Schulhaus bekam den Namen „Ritterschule" und diente als Volksschule für Mädchen. An der Gartenstraße, dort, wo sich heute der Reichsstädter Markt befindet, entstand 1879 die „Gartenschule" als Volksschule für Knaben. Im Jahr 1840 wurde neben der Lateinschule eine Realschule als selbständige höhere Lehranstalt errichtet. Es war das Gebäude Schillerstraße 21, das 1975 dem Rathausneubau weichen musste und im Volksmund zuletzt als „Alte Gewerbeschule" bekannt war. Wachsende Bevölkerungszahlen ließen 1906 die Bohlschule und die Parkschule, das heutige Schubart-Gymnasium, folgen

Sibylle Schwenk

36

Die Tafel erinnert an ihren einstigen Bewohner.

Schubart-Haus

„... muss der Pantoffelszepter sich neigen."

Dass Christian Friedrich Daniel Schubart (1739–1791) ein Lebemensch war, ist in seiner Vaterstadt kein Geheimnis. Er gab sich gerne den Genüssen hin – aber welche er besonders liebte, das zählt in Aalen zu den Dingen, die nicht jeder auf Anhieb weiß. Es war nämlich keineswegs der Genuss von Speis und Trank, den Schubart als den wichtigsten erachtete, sondern der „Mädchenreiz", der für den Dichter und Komponisten, wie er selbst schreibt, „unter allen Reizen, womit der Schöpfer das Antlitz der Natur schmückte, der unwiderstehlichste" war. „Aber", sagt die Wasseralfingerin Heidrun Heckmann, „Mädchenreiz hieß für ihn, dass Frauen unkritisch und verfügbar zu sein hatten." Eine unschlagbare Tugend war für Schubart, wenn eine Frau nicht über sonderlich viel Bildung verfügte. Über seine Mutter schrieb

So geht's zum Schubart-Haus:

Das Schubart-Haus steht in der Aalener Innenstadt in der Roßstrasse 4.

er: „Einfalt und Mütterlichkeit zeichnet meine Mutter in einem hohen Grade aus – Segne sie, Gott, denn sie ist es werth!" Geradezu angeekelt zeigte er sich von „gelehrten Weibern". Er malte in seiner Fantasie ein Horrorszenario, in dem „die Pfarrersweiber" ihren Männern „skandalöse Abkanzlungen" vorschreiben, die „Frau Präzeptorin" ihren Mann „vor den Buben prügelt" und die Stadtzinkenistin „auf'm Turm die Bassposaune" bläst, während ihr Mann zu Hause Garn abhaspelt. „Selbst des Nachtwächters Rippe schreibt ihrem Manne vor, wie er den Tag anschreien soll", klagte Schubart. Und weiter: „O, züchtigen Sie doch um Gottes Willen ein Ungeheuer – heißt Weiberregiment."

Schubart wünschte sich Frauen, die „durch weise Verwaltung des Hauswesens und sonderlich durch Studium der Kinderzucht" glänzen. Und wie er beglückt feststellt, ist er noch von dem „Krokodilsrachen" des Scheusals Weiberregiment verschont geblieben. „Ich bin Mann im Hause und vor mir muß der Pantoffelszepter sich neigen." Denn seine Gattin Helene, geborene Bühler, war, wie er begeistert schrieb, „ein Weib geraden und einfältigen Herzens, zur Demuth und Niedrigkeit gewöhnt, häuslich, geschickt, zu allen Verrichtungen der Hausmutter, sie liebt nach Grundsätzen und nicht nach vorüberrauschenden sinnlichen Eindrücken; daher hat ihre Liebe Dauer und immer gleiche Wärme, sie hatte nie die leichten Reize der Buhlerin, aber die tiefer liegende Anmuth des treuen Weibes und der zärtlichen Mutter."

Ob die arme Helene auch so glücklich war an der Seite ihres Machos? Schubart selbst kommt – reichlich spät, wie Heidrun Heckmann findet, zu der Erkenntnis, „dass sich mein Weib durch ihre Verheiratung nicht glücklich machen konnte". Es war, vermutet Schubart, „die Verbindung des Sturmes mit der Stille, der feurigen Torheit mit der abgekühlten Vernunft, der Anarchie mit der Ordnung." Ob das die Umschreibung dafür ist, was sein Schwiegervater in einem Brief an den Obervogt beklagt? Nämlich, dass sein „Tochtermann, der Präzeptor" seine Gattin „etliche Tage vor ihrer Niederkunft also traktieret, dass sie blaue Augen in das Kindbett gebracht, und dass er zwei Tage vor dieser Niederkunft auf Kuchen (bei Geislingen) gefahren, dann durch die Ortschaften gejohlet und nachher das Weib nebst ihrer Schwester zum Haus hinausgejaget, letzterer auch Beulen beigebracht und sie blutrünstig geschlagen, ja sogar zum Zeichen seiner Tollheit eine Kunkel in den Stadtgraben hinausgeworfen."

Das Schubart-Haus.

Schubart habe sich selbst als „offener, herausplatzender Tor" bezeichnet, schreibt Karlheinz Bauer in einem Aufsatz. Und seinen „derben deutschen Ton" führe er auf die Sprache seiner Vaterstadt und den Polterton der Ostalb zurück. Die Aalener bezeichnet er als „gesunde, knochenfeste, rauhschallende, biedere, altdeutsche Menschen". Außerdem bescheinigt er den Aalenern, „trotzige Verteidiger ihres Kittels, ihrer Misthäufen und ihrer donnernden Mundart" zu sein. „Was in Aalen gewöhnlicher Ton ist, scheint in anderen Städten tragischer Aufschrei und am Hofe Raserei zu sein." Über die Aalenerinnen hat Schubart auch eine klare Meinung: Die meisten hießen Urschel oder Bärbel oder Ketter.

Was immer man von Schubart und seinem Frauenbild halten mag – das Haus, in dem Schubart einige Jahre seiner Kindheit verbrachte, steht von all den Stürmen um seinen ehemaligen Bewohner ungerührt an seinem Platz.

Eva-Maria Bast

37

Zwei, die das geschriebene Wort lieben:
Konrad Theiss und der „Zeitungsleser".

Zeitungsleser

Im Bann der Neuigkeiten

Er steht etwas abseits des Rathauseingangs. Um seine Füße rankt sich Efeu, Menschen hasten geschäftig an ihm vorbei, darunter auch die Damen und Herren der Stadtverwaltung oder des Gemeinderats, oft mit Akten beladen und mit dem Handy am Ohr. Der Mann bemerkt davon scheinbar nichts. Er hat Wichtigeres zu tun: Zeitung lesen. Interessiert, durchaus auch ein wenig erheitert, blickt er in das Blatt, das er in seinen Händen hält.

Der geschichtskundige Aalener Konrad Theiss hat den Zeitungsleser, der den schöpferischen Händen des Künstlers Fritz Nuss entsprang, richtig lieb gewonnen. Kein Wunder, ist Konrad Theiss als Sohn des Gründers der „Schwäbischen Post", deren langjähriger Herausgeber und Geschäftsführer er war, doch Zeitungsmann mit Leib und Seele. Und den Platz, an dem die Skulptur des Zeitungslesers steht, findet er auch gut gewählt. Um zu erklären, warum, muss ein Blick in die spannende Entstehungsgeschichte der „Schwäbischen Post" geworfen werden: Eine gedruckte Zeitung, den Vorläufer der „Schwäbischen Post", gab es in Aalen seit dem Jahr 1837. Zwei Buchhändler aus Schwäbisch Gmünd, die Herren Johann Raach und Philipp Jakob Andreas Buck, hatten im September 1836 bei der Königlichen Regierung des Jagstkreises Ellwangen darum ersucht, in Aalen ein „Buchhandlungs- und Buchdruckerey-Geschäft in Verbindung mit Herausgabe eines Intelligenzblattes" einrichten zu dürfen. Ende November wurde ihnen die Genehmigung erteilt, „in so ferne dasselbe auf Intelligenz-Nachrichten beschränkt" ist. Zwei Monate dauerte es, bis die Buchhändler am 29. Januar 1837 die erste Ausgabe des „Boten von Aalen" herausbrachten. Zwei Mal wöchentlich erschien nun die Zeitung, leisten konnte sie sich allerdings nicht jedermann. „Außer von den Honoratioren wurde das Blatt meist von den Wirten gehalten, in den Gaststätten konnten dann die Bürger bei Bier und Wurst ‚Einsicht' nehmen", schreibt Rudolf Grupp in seinem Aufsatz „Zeitungsgeschichte im Ostalbkreis". Andere hätten sich per Inserat „Mitleser" gesucht und sich die Kosten für die Zeitung geteilt.

Anno 1845 übernahm Friedrich Jakob Münch den „Boten von Aalen". Münch war ein Revoluzzer, der sich vor allem auch in den Revolutionsjahren 1848/49 einen Namen machte. (Siehe Geheimnis 32). Doch Münch galt als Chaot, lange konnte er das Blatt nicht halten. „1852 musste sein Onkel Gottlieb Stierlin die Buchdruckerei samt Zeitung vor dem Konkurs retten", erzählt Konrad Theiss. Fast 100 Jahre lang blieb die Zeitung danach im Besitz der Familie Stierlin, ab 1852 lief sie unter dem Titel „Amts- und Intelligenzblatt", ab 1873 unter „Kocherzeitung". Im Dritten Reich hieß das Blatt dann zwischenzeitlich „Kocher- und Nationalzeitung".

Nach dem Zweiten Weltkrieg dauerte es einige Jahre, bis wieder eine gedruckte Zeitung erschien. Es mangelte an Papier, Druckerschwärze und Schreibmaschinen. Im Jahre 1948 erhielten Johannes Binkowski und Konrad Theiss die Genehmigung, in Aalen die „Schwäbische Post" zu gründen. „Bei der ,Schwäbischen Post' handelte es sich gewissermaßen um die Nachfolgezeitung der ,Kocher-Zeitung', erzählt Theiss Junior. In den Folgejahren wuchs das Verbreitungsgebiet der Schwäbische Post immer mehr und dehnte sich auf die umliegenden Gemeinden aus.

Und warum hält Konrad Theiss den Platz für den Zeitungsleser nun für gut gewählt? Weil er gegenüber dem Platz steht, an dem jahrzehntelang Blatt gemacht wurde: „Dort, wo jetzt die Drogerie beheimatet ist, befand sich früher das Stierlinsche Haus, in dem die Zeitung seit 1871 hergestellt wurde, bevor der Umzug der technischen Geräte in die Bahnhofstraße erfolgte", berichtet Konrad Theiss.

Wenn der Zeitungsleser den Blick auch nie von der Lektüre hebt – ein wenig hat man schon den Eindruck, als bekomme er sehr genau mit, was um ihn herum geschieht. Eine Zeitung dient ja auch oft als Tarnung – wer scheinbar in die Lektüre vertieft ist, wird nicht als Beobachter entlarvt. Wer weiß, welche Aalener Geheimnisse der Zeitungsleser im Laufe der Zeit schon erfahren hat.

Eva-Maria Bast

> **So geht's zum Zeitungsleser:**
>
> Der Zeitungsleser steht vor dem Aalener Rathaus, Marktplatz 30.

Helmut Erhardt an der Erlöserglocke
im Glockenturm der Salvator-Kirche.

Salvator-Glocken
Die Harmonie christlicher Geläute

Manchmal scheint es so, als läuteten sie um die Wette: die Glocken der Salvator-Kirche und jene der Stadtkirche. Das Konzert, das sich dann über die Köpfe der Aalener ergießt und die christliche Tradition der Stadt widerspiegelt, kündet seit vielen Jahren klangvoll vom Evangelium, erinnert an das Verrinnen der Zeit und die eigene Endlichkeit. Von welcher Kirche die Musik der Glocken auch stammt – der Wind trägt sie aus allen Himmelsrichtungen zu den Ohren des Innenstadtbesuchers. Es ist allerdings kein Zufall, dass die Geläute aus den Höhen der Bohlstraße so gut mit jenen aus der Innenstadt harmonieren.

Von weitem sichtbar ist der Turm der Salvator-Kirche, der sich 56 luftige Meter hoch in den Himmel reckt. Auf der malerischen Anhöhe, dem Bohl, wurde die Salvatorkirche im Jahr 1913 errichtet. Die vier Glocken stammten aus der Glockengießerei der Gebrüder Bachert aus Kochendorf. Sie waren auf die Tonlage h, d, e und fis gestimmt. Aufgrund seines hohen Klangwertes war dieses Geläut im Ersten Weltkrieg von der Ablieferung zu Rüstungszwecken befreit worden. Das nationalsozialistische Regime jedoch nahm auf den künstlerischen Wert keine Rücksicht. Zudem sollten, so meint der geschichtskundige Katholik Helmut Erhardt, die Kirchen regelrecht „zum Schweigen gebracht" werden. Die drei großen Glocken im Gesamtgewicht von 5591 Kilogramm mussten im Juli 1942 abgeliefert werden und kehrten nicht wieder zurück. Die kleinste unter ihnen, die Fis-

Der Turm der Salvator-Kirche.

Glocke, blieb als einzige der vier Glocken übrig. „Sie tut heute ihren Dienst in Essingen", weiß Helmut Erhardt.

Den Aalenern fehlten ihre Glocken. Und deshalb ließen sie im September 1950 in der Glockengießerei A. Bachert, Heilbronn, vier neue Glocken gießen.

Mit Rücksicht auf das bereits vorhandene Geläut der evangelischen Stadtkirche wurde die Tonlage des neuen Gesamtgeläutes um einen halben Ton gesenkt, um eine Harmonie der verschiedenen Geläute in der Stadt Aalen zu erzielen. „Deshalb klingen die Glocken nun in nahezu denselben Tönen wie in der Stadtkirche", sagt Helmut Erhardt. Rund 4000 Menschen erlebten im Oktober 1950 die feierliche Weihe der Glocken durch Weihbischof Dr. Franz Josef Fischer. Die Predigt und die voller Ehrfurcht vollzogene Weihehandlung machte der Gemeinde bewusst, welch große Bedeutung den Glocken einer Gemeinde und einer Stadt zukommt. Der Glockenexperte der Diözese, Pfarrer und Dozent Schneider aus Wernau, kam nach einer Analyse des neuen Geläutes der Salvator-Kirche zu dem Ergebnis, dass dieses „eine Spitzenleistung" zu nennen sei. Schneider machte den Vorschlag, das Geläute als Ganzes „als Monument dieser Zeit" unter Denkmalschutz stellen zu lassen.

So geht's zur Salvator-Kirche:

Die Salvator-Kirche befindet sich in der Bohlstraße 3 in Aalen. Von der Friedrichstraße aus gelangt man über steinerne Stufen zum Portal.

Der Turm ist von der ganzen Innenstadt aus gut zu sehen.

Die erste Glocke ist die „Erlöserglocke" mit dem Bild Christi am Kreuz und der Inschrift: „ Jesus Christus, gestern und heute, derselbe auch in Ewigkeit." Sie hat ein Gewicht von 3745 Kilogramm. Bei der zweiten Glocke handelt es sich um die Marienglocke mit der Schutzmantelmadonna und der Aufschrift: „Königin des Friedens, bitte für uns." Sie wiegt 2167 Kilogramm. Darüber befindet sich die Michaelsglocke, sie zeigt St. Michael im Kampf mit dem Drachen und trägt die Aufschrift: „Michael und seine Engel kämpften gegen den Drachen" und bringt 1471 Kilogramm auf die Waage. Die kleinste im Bunde ist die Petrusglocke mit einem Gewicht von 971 Kilogramm und der Aufschrift: „Du bist Petrus! – Herr, rette mich!"

Die Glocken der Salvator-Kirche sind gestimmt in den Tonlagen: b, des, es, f, die Glocken der Stadtkirche klingen in des, f, as, b. Welch' ökumenische Harmonie!

Sibylle Schwenk

39

Braunenbäumle 685 m ü.N.N.
Kapfenburg   9 km
Wasseralfingen   4 km

Josef Hegele am Braunenbäumle.

Braunenbäumle

Einsames Wahrzeichen in luftigen Höhen

Heute steht es verborgen inmitten eines herrlichen Laubwaldes und ist eine Buche geworden. Doch jahrzehntelang war das Braunenbäumle der einzige, weithin sichtbare Baum auf dem Hausberg der Wasseralfinger, dem Braunenberg. In imposanter Gestalt erhob sich der Baum – zunächst als Fichte – auf dem fast höchsten Punkt des Bergs, keine fünf Gehminuten vom heutigen Fernsehturm entfernt.

Vermutlich bereits in den 1730er Jahren wurde das erste Braunenbäumle gepflanzt: Die Fichte mit weit ausladenden Ästen auf kahlem Plateau hat ein Zeichner um 1790 festgehalten. „Vielleicht", so denkt sich der Wasseralfinger Heimatkundler Josef Hegele, „wurde sie nicht einmal gepflanzt, sondern entstand durch Samenflug." Durch ihre prägnante Stellung eignete sich die Fichte damals schon hervorragend als Wanderziel. Der Standort des Baumes kann genau bestimmt werden, da im Zuge der Landesvermessung des 19. Jahrhunderts auf dem Braunenberg ein Signalstein gesetzt und der Baum auf der Katasterkarte eingezeichnet wurde. Der Braunenberg selbst war damals eine Heide und die einsame Fichte schon so stark im Bewusstsein der Bevölkerung verankert, dass die geplante Fällung – der Baum kränkelte ob des steinigen Bodens und seiner exponierten Stellung – verhindert werden konnte. Als „Naturschönheit" betitelt war das Braunenbäumle damals von Bänken umgeben und man bemühte sich, das Wahrzeichen der Gegend zu erhalten.

Leicht hatte es das Braunenbäumle allerdings nie, obwohl es mit 14 Metern Höhe und einem Umfang von knapp zweieinhalb

> **So geht's zum Braunenbäumle:**
>
> Das Braunenbäumle befindet sich zwischen Fernsehturm und Wilhelmsstollen in Wasseralfingen. Es ist mit einer Höhenmarkierung versehen.

Metern stattliche Maße besaß. 1871 setzte der Fichte ein Sedansfeuer zu, und auch der wohl sehr trockene Sommer im Jahr 1893 machte ihr zu schaffen. Und weil der angrenzende Wald für Industriezwecke abgeholzt wurde, musste das Braunenbäumle gar um sein Leben bangen. Doch dank der Bemühungen des Schwäbischen Albvereins und des Verschönerungsvereins Aalen bekam die Fichte stattdessen sogar „Verstärkung" in Form einer Schutzhütte, die 1895 eingeweiht wurde. Der Bau der Schutzhütte bezeugte nochmals, wie beliebt dieses Wanderziel einst war. Doch auch das konnte das berühmte Bäumle letztendlich nicht retten. In der Nacht zum 29. November 1915 schlug ihm die Stunde, ein Schneesturm fällte die Fichte.

Eine neu gepflanzte Linde sollte das legendäre Bäumle nun ersetzen. Trotz der Pflege durch Röthardter Bürger, die mühsam Wasser mit Pferdegespannen den Berg hoch schleppten, brachte es die Linde nie zur Größe des ursprünglichen Braunenbäumles. Doch gab es auch noch andere Gründe dafür, dass das Braunenbäumle aus dem Bewusstsein der Bewohner verschwand. Die Abholzung des „Braunen" führte zu einer Verlegung des Albvereinsweges auf die Kuppe des Berges. Dieser führte nun zum Naturfreundehaus, das eine gemütlichere Einkehr bot als die Schutzhütte vor dem Braunenbäumle.

Ein Buchenwald bildet heute das grüne Dach für Wanderer und Radfahrer. Wer das Braunenbäumle besuchen will, muss nun durch einen geheimnisvollen Blätterwald wandern. „Über Generationen war das Braunenbäumle Wahrzeichen in der Gegend um den Braunenberg", resümiert Josef Hegele. Und wer weiß: Vielleicht schafft es die herrschaftliche Buche doch noch zu neuem Ruhm.

Sibylle Schwenk

40

Eugen Hafner vor dem
Brezge-Blase-Brunnen.

Brezge-Blase
Ein Mann mit Mutterwitz

Dieser Brunnen macht Appetit. Und zwar auf leckere Brezeln. Betrachtet man das kunstvolle Gebilde, meint man den Geruch des frisch gebackenen Laugengebäcks in der Nase und den Geschmack auf der Zunge zu spüren: Auf einer Platte in einem runden kleinen Teich sitzt die Skulptur eines Mannes, der einem anderen Mann eine Brezel entgegenstreckt. Offensichtlich sind die Herren sich alles andere als einig. Bei den Männern handelt es sich aber keineswegs um Fantasiegebilde des Künstlers, sondern um stadtbildprägende Gestalten aus Aalens Vergangenheit. „Der stehende Mann, das ist ein Gerber, der der Großvater des Künstlers Fritz Nuss war", erklärt der Aalener Historiker Dr. Eugen Hafner. „Fritz Nuss hat den Brunnen gestaltet." Die Hauptfigur ist jedoch der sitzende Mann mit der Brezel: der Brezge-Blase. „Es gibt ja in vielen Städten Menschen, die eigentlich zunächst unscheinbar sind und dann die Gunst der Leute erlangen, indem sie irgendwie besonders sind und sich von der Masse abheben." So sei das auch beim Brezge-Blase, der auf den bürgerlichen Namen Blasius Schimmel hörte, gewesen. In den 40er Jahren des 19. Jahrhunderts geboren, ging der neunfache Vater den verschiedensten Tätigkeiten nach, um seine Familie zu ernähren. Er arbeitete in den Hüttenwerken, dann als Kutscher und schließlich als Brezelverkäufer. In letzterer Tätigkeit hat er dann auch seine Berufung gefunden. Durch sie wurde er in Aalen so bekannt, dass man ihm, dem kleinen Taglöhner, schließlich sogar einen Brunnen widmete. „Er hat immer gerufen: ‚Eine Brezel für drei Pfennig, drei Brezeln für zehn Pfennig'", berichtet Hafner schmunzelnd. Ein Mann mit Mutterwitz sei der Blase gewesen, „und das haben die Leute ja gerne". Die ganze Stadt und ihre Umgebung habe er mit seinem Charme sichtbar und hörbar beeinflusst – und zwar in einem günstigen Sinne. Auch gelegentliche Taktlosigkeiten habe man ihm verziehen, versichert Hafner. „Wenn zum Beispiel ein Pärchen vorbeiging, dann rief er: ‚Wo wollt ihr hin, auf's Standesamt?' Und die beiden waren dann verlegen, weil sie gar nicht zum Standesamt wollten", erzählt Eugen Hafner. Der Brezge-Blase habe trotz seiner Einfachheit sehr geistreich sein können. „Und er hatte das Herz am rechten Fleck." Geschäftstüchtig sei Blasius Schimmel noch dazu gewesen. „Er hat die Gebäckstücke immer nach den Tagesheiligen oder einem besonderen Anlass benannt", sagt Eugen Hafner. „Wenn ein Feuerwehrfest war, nannte er sie Feuerwehrbrezeln, wenn Ostern war, hießen sie Osterbrezeln." Und an den Festtagen wartete er mit seinem Korb vor der Kirche in Himmlingen. „Wenn die Kinder aus der Messe kamen, dann stand der Blase schon mit seinem Korb da und die Kinder wussten das und hatten das Geld für die Brezel dabei."

Blasius Schimmel verstarb im Jahr 1924. Seinen jüngsten Sohn hat Eugen Hafner noch gekannt. Hafner bringt dem Brezge-Blase große

Sympathie entgegen. Jedes Jahr an der Fasnacht schlüpft er in das Kostüm des Brezge-Blases und geht mit einem Brezelkorb durch die Stadt. Und dass der Brezge-Blase ein Denkmal auf dem Gmünder Torplatz bekommen hat, ist ebenfalls Eugen Hafner zu verdanken. „Ich lag dem damaligen Oberbürgermeister Ulrich Pfeifle lange in den Ohren", erin-

So geht's zum Brezge-Blase:

Der Brunnen befindet sich am Aalener Gmünder Torplatz zwischen der Sparkasse und dem Reichsstädter Markt.

nert er sich lächelnd. „Ich finde es wichtig, dass man den originellen Menschen dieser Welt ein Denkmal setzt. Auch wenn sie kein hohes Amt hatten." Aus unerfindlichen Gründen, merkt Eugen Hafner an, habe der Brunnen nun dem Brotkasten auf dem Gmünder Torplatz weichen müssen, der heute in etwa dort steht, wo sich einst der Brunnen befand. Der Brezge-Blase wanderte ein paar Meter weiter und bietet nun neben, statt vor der Sparkasse seine Brezeln an. Eugen Hafner fand den vorigen Platz besser.

Eva-Maria Bast

Das katholische Gemeindezentrum mit dem ungewöhnlichen Namen „Sängerhalle".

Sängerhalle

Ein viel bedeutender Name

Die kirchlichen Gebäude der Stadt Aalen haben zumeist selbsterklärende Namen: „Gemeindehaus St. Maria" heißt eines, „Evangelisches Gemeindehaus" ein anderes und „Gemeindehaus Salvator" ein drittes. Dass allerdings ein kirchliches Gemeindezentrum den Namen „Sängerhalle" trägt, ist nicht gerade gewöhnlich. Doch die Wasseralfinger Sängerhalle ist eben die „Sängerhalle" geblieben. Die wechselvolle Geschichte des Gebäudes erklärt, wie es zu diesem Namen kam.

Auf dem Gelände Karlsplatz 2 steht sie in ansehnlichem Gewand: die „Sängerhalle", katholisches Gemeindezentrum. Vor knapp 200 Jahren stand genau an diesem Platz wohl zum ersten Mal ein Haus, es war allerdings weder ein Gemeindezentrum noch überhaupt ein kirchliches Gebäude. Die Anschrift lautete damals „Friedrichstraße Nr. 6", und das Haus war ein einfaches Wohnhaus, in dem später auch eine Wirtschaft betrieben wurde.

„Die Sängerhalle war die gefragteste Lokalität zum Feiern nach dem Schlegel-Saal im Gelände der Brauerei Schlegel", berichtet Erik Hofmann. Um 1900 ist man zwar noch in den Saal der Brauerei in Wasseralfingen gegangen, um Hochzeiten oder große Feste zu feiern. Doch spätestens seit die Schlegel-Wirtschaft, deren Umsatz sukzessive zurückging, 1960 geschlossen wurde, fanden Großereignisse in der Sängerhalle statt.

Ihre Geschichte geht jedoch noch weiter zurück: In Wasseralfingen entstanden in der ersten Hälfte des 19. Jahrhunderts zwei große Vereine: der im Jahr 1848 gegründete Turnverein (später TSV) und der Gesangsverein „Glück Auf" im Jahr 1836. Beide waren auf der Suche nach einer Lokalität, in der man sich regelmäßig treffen konnte. Der damalige Schultheiß Sauter schlug vor, das bestehende Haus in der Friedrichstraße zu nutzen. Die Vereine machten Nägel mit Köpfen und kauften das Gebäude kurzerhand. Für die Verwaltung der Liegenschaft zeichneten der Schultheiß, der Brauereibesitzer Karl Jooß und Johannes Funk, Vorsitzender des Turnvereins, verantwortlich.

Doch das Haus war für die beiden Vereine zu klein. „Und deshalb wurde einfach angebaut", weiß der Wasseralfinger Erik Hofmann. Links gab es nun einen Raum und eine Nähstube und rechts einen großen Saal, den so genannten „Sängersaal". Kurz nach der Erweiterung erhielten die beiden Vereine dann auch das Konzessionsrecht. Der Zulauf zum Vereinslokal war so groß, dass das Konzessionsrecht später auch auf den angebauten Sängersaal erweitert wurde.

Und es wurde noch mehr erweitert: Die Sportler bauten Richtung Osten eine Turnhalle an, die allerdings nur fünf Jahre bestand. „Die Turner konnten sie nicht wirklich nutzen, weil die Halle nicht beheizbar war", sagt Erik Hofmann.

Im Jahre 1906 tauchte dann zum ersten Mal in einem öffentlichen Bescheid für das gesamte Gebäude der Begriff „Sängerhalle" auf. Eugen Jooß, Sohn des Brauereibesitzers Karl Jooß, kaufte den Vereinen das Gebäude ab, erlaubte den Sängern und Turnern aber, dort weiter ihren Lieblingsbeschäftigungen nachzugehen. Nicht nur das: Er baute

Erik Hofmann am Schriftzug der Sängerhalle.

eine neue Turnhalle, die 1910 im Garten des Grundstücks mit großem Pomp eingeweiht werden konnte.

Der Erste Weltkrieg brachte Veränderungen im gesellschaftlichen und kirchlichen Bereich. Der katholische Krankenpflegeverein sah die Notwendigkeit, ein Vereinshaus nutzen zu können, und kaufte kurz nach Ende des Ersten Weltkriegs die „Sängerhalle" von Eugen Jooß. Neben der Nutzung durch katholische Vereine diente der Gebäudekomplex auch als Kindergarten, Nähschule und Wohngebäude für Ordensschwestern. Der Saal wurde 1924 erweitert, die Turnhalle samt Kegelbahn, die während des Krieges noch als Auffanglager für Soldaten gedient hatte, wurde jedoch abgerissen.

Die wechselvolle Geschichte der Sängerhalle sollte noch weitergehen. Mit der Stadterhebung Wasseralfingens 1951 wollte man auch das kulturelle Angebot stärken: Der ehemalige Sängersaal wurde zum modernen Kinosaal und erfreute sich großer Beliebtheit. Dieser Kinosaal wurde von der Kirchengemeinde separat verpachtet und hatte mit dem restlichen Gebäude quasi gar nichts mehr zu tun. „Wenn man damals von der Sängerhalle gesprochen hat, war nie der Kinosaal gemeint, sondern der im Jahr 1954 von der Kirche an die Stelle der ehemaligen Nähstube angebaute Saal", erklärt Erik Hofmann. Dort fanden jetzt auch die großen Feste statt, denn dieser Saal fasste bis zu 700 Menschen.

Anfang der 1980er Jahre sinnierte die Kirchengemeinde, wie man das in die Jahre gekommene Gebäude künftig nutzen könnte. Ein Gutachten empfahl einen Neubau statt der Komplettsanierung. Und so beschloss der Kirchengemeinderat 1982 den Abriss der alten Sängerhalle. Im Juli 1986 konnte die neue Sängerhalle als katholisches Gemeindezentrum eingeweiht werden.

So wechselvoll die Geschichte war: Der Name „Sängerhalle" ist geblieben und erzählt von Sportlern und Sängern, einem katholischen Verein, Kinogängern und Menschen, die sich gerne in der Wirtschaft mit einem kühlen Bierchen erfrischten.

Sibylle Schwenk

> **So geht's zur Sängerhalle:**
>
> Die Sängerhalle steht am Karlsplatz 2 und befindet sich am nördlichen Ende der Karlstraße in Wasseralfingen.

42

Eine Gesamtaufnahme der Stadtkirche.

Stadtkirchen-Steine

Gotteshaus verteidigt 1A-Standort

Mitten im südlichen Bereich der alten Reichsstadt auf einem kleinen Platz – heute würde man 1A-Lage sagen – steht die Stadtkirche und reckt ihren Turm über die Gassen der Innenstadt. Sie ist gesäumt von nahezu parallel verlaufenden Straßen und steht am selben Platz wie ihre Vorgängerbauten. Wenigstens zwei davon können urkundlich nachgewiesen werden.

Dem verheerenden Stadtbrand im Jahr 1634 war auch die mittelalterliche Stadtkirche zum Opfer gefallen. 16 Jahre später wurde die Kirche notdürftig, mit einem hölzernen Aufsatz auf die noch stehenden Restmauern, wieder aufgebaut. Weitere 17 Jahre gingen ins Land, bis das obere Geschoss des Turmes fertiggestellt und mit Kupferblech gedeckt war. Reichsstädtischen Ansprüchen genügte dieser Turm jedoch nicht und man entschloss sich, zwei weitere achteckige Geschosse von rund elf Metern hinzuzufügen. Mit der Erhöhung hatte man dem alten Turmunterbau statisch jedoch zu viel zugemutet und es zeigten sich alsbald Risse im Turmmauerwerk.

Am Pfingstdienstag, dem 28. Mai 1765, Schlag 8.45 Uhr nahm das Unglück seinen Lauf. Gott sei dank noch kurz bevor der Stadtrat den maroden Turm begutachtete, krachte dieser unter lautem Getöse ein. „Manche Aalener sagen heute noch, der Heilige Geist habe geblasen", erzählt Heimatkundler Fritz Walter. Ein riesiger Schuttberg, unter dem die beiden Kinder des Türmers ihr Leben lassen mussten, begrub große Teile des Kirchenschiffs und zertrümmerte den Chor. Wie durch ein Wunder waren aber die dort befindliche Orgel und das Altarkruzifix erhalten geblieben.

Ab diesem Zeitpunkt machte der gerade noch mit dem Leben davongekommene städtische Rat Nägel mit Köpfen. Bauern wurden zwangsverpflichtet den Schutt abzutransportieren, und der Rat beschloss den

So geht's zur Stadtkirche:

Die Stadtkirche befindet sich in der Aalener Innenstadt „An der Stadtkirche". Sie ist von der Dekanstraße oder der Helferstraße aus gut zu erreichen.

Bau einer neuen Kirche am gleichen Platz. Bereits fünf Tage nach Einsturz des Turmes kam der Herzogliche Landbaumeister Johann Adam Groß nach Aalen. Der komplette Platz war der neuen Kirche vorbehalten: Da die Stadt inzwischen sehr gewachsen war, sollte auch die Kirche möglichst groß werden. Dem kam entgegen, dass Werkmeister Johann Michael Keller, der künftige Bauleiter des Neubaus, erklärte, die Mauerdicken, die Landbaumeister Groß vorgesehen hatte, könnten ohne Gefahr für die Standfestigkeit des Bauwerkes um je einen Schuh, rund 30 Zentimeter, verringert werden. Dies würde der Vergrößerung des Innenraums der Kirche zugute kommen. Um eine möglichst große Kirche zu erhalten, nahm der Rat auch eine Verschmälerung der Gassen um die Kirche und eine Verkürzung des kleinen Platzes im Osten vor dem Turm in Kauf. Man folgte dem Vorschlag von Werkmeister Keller und verringerte die Mauerdicke um einen Schuh.

Allerdings hatten die Aalener ein eigenes Schuhmaß, das sie in diesem Fall auch anwenden wollten. Es war mit 30,778 cm sogar ungefähr 2,13 cm größer als das württembergische Maß!

Doch damit waren noch längst nicht alle Probleme gelöst, denn man wollte gute Steine für die Kirche haben. Der Stadtrat beauftragte Werkmeister Keller unter anderem, „den Thurn, soviel das äußere und innere Haupt betrifft mit gehauenen Steinen zu verfertigen, das übrige aber mit guten Steinen aufzumauern". Immer wieder wird von Schwierigkeiten und Streitfragen beim Brechen der Steine, bei der Stein- und Sandzufuhr zur Baustelle und beim Kalkbrennen in eigener Regie der Stadt berichtet. Als sich herausstellte, dass der heimische Sandstein nur für die Mauern, nicht aber für das Sichtmauerwerk und auch nicht für Fenster- und Türgewände geeignet war, beschloss der Rat, dass die benachbarte Gemeinde Treppach gebeten werden sollte, das Steinbrechen im dortigen Steinbruch zu erlauben.

Fritz Walter am lange verborgenen
Grundstein der Stadtkirche.

„Der Grundstein der Kirche jedoch", berichtet Fritz Walter, „sollte ein
anderer Stein als alle anderen sein, ein hellerer." Wo er sich genau
befindet, blieb lange Jahre ein Geheimnis. Mit Hilfe technischer Mittel gingen schließlich interessierte Aalener daran, den Grundstein der
Stadtkirche zu lokalisieren, den bedeutsamsten Stein der Stadtkirche
überhaupt. „Das hat uns viel Mühe gekostet", berichtet Fritz Walter.
Doch diese Mühen wurden belohnt. Ein nur unwesentlich anders aus-
sehender Steinblock an der Nord-Ost-Seite der Kirche enthält eine
Inklusion, vermutlich eine Metallkassette. Er befindet sich etwa einen
halben Meter über dem Boden in der Außenwand, mit dem Boden im
Innenraum ist er jedoch ebenerdig.

Sibylle Schwenk

43

Betha Frankenreiter an dem Platz,
wo das Bildstöckle stehen soll.

Bildstöckle Frankenreiter

Verborgen und verwittert auf alten Wegen

In der Schweiz sind es die „Helgenstöckli", in Österreich und Bayern werden sie liebevoll „Marterl" genannt: die Bildstöcke. Als Zeichen der Volksfrömmigkeit sind die religiösen Kleindenkmale immer wieder auf Flurstücken, am Wegesrand oder mitten im Wald zu finden. Die Wasseralfinger besitzen ein besonders schönes „Bildstöckle", das jedoch kaum wahrgenommen wird. Es handelt sich um jenes im Garten der Familie Frankenreiter in der Ritter-Ulrich-Straße.

Stattliche 292 Jahre zählt das Bildstöckle, das in der so genannten „Nische" eine ausdrucksstarke Darstellung der Pieta trägt – die trauernde Gottesmutter mit dem leblosen, vom Kreuz abgenommenen Leib Jesu. Es ist somit eines der ältesten, wenn nicht sogar das älteste Bildstöckle in Wasseralfingen. Grund genug für Betha Frankenreiter, es restaurieren zu lassen. Auf dem Naturstein haben sich im Laufe der Jahrhunderte Krusten gebildet und die Witterung hat ihre Spuren hinterlassen. Auch löste sich die Originaloberfläche zunehmend ab.

Aber warum steht eigentlich ein Bildstock mitten im Garten eines landwirtschaftlichen Anwesens, etwas lieblos vor aufgeschichte-

Im Garten von Betha Frankenreiter steht das wohl älteste Bildstöckle Wasseralfingens.

So geht's zum Bildstöckle:

Das Bildstöckle mit der Pieta befindet sich in der Ritter-Ulrich-Straße 9 in Wasseralfingen. Es ist von der Straße aus zu sehen.

tem Holz? Betha Frankenreiter kann dazu einiges sagen:

„Zu Beginn des 18. Jahrhunderts floss der Kocher noch anders. Die Straße führte durch unser heutiges Anwesen. Von hier aus gab es einen Weg mit Steg über den Kocher", erzählt die Ur-Wasseralfingerin. Auf diesem Steg wurde eines Nachts ein gewisser Johannes Müller tot aufgefunden. Warum Johannes Müller starb und was ihm genau zugestoßen ist, weiß Betha Frankenreiter nicht. Aber „ihm wurde wohl dieses Bildstöckle gewidmet", vermutet die Wasseralfingerin.

Der größte Anhaltspunkt ist die Inschrift unter der Pieta: „Johannes (...) Müller 1720". Der zweite Vorname hat nach einer Skizze des Studienrates Wengert vom August 1926 wahrscheinlich „Michael" geheißen. Heute ist der Name „Müller" kaum mehr zu entziffern. Johann Frankenreiter senior, Betha Frankenreiters Schwiegervater, hatte seinerzeit von Studienrat Wengert gehört, dass es sich beim Stifter des Bildstöckles um den früheren Lammwirt Hans Michael Müller gehandelt hat. Ob es sich nun bei dem in der Inschrift Genannten um den Stifter oder den Verunglückten handelt, ist nicht bekannt. Aus der Tradition der Flurdenkmäler heraus ist jedoch anzunehmen, dass die Inschrift den Verunglückten nennt.

Jedenfalls ist das Flurdenkmal von ergreifender Schönheit und zu schade, um im Hinterhof sein Dasein zu fristen. Deshalb will Betha Frankenreiter dem Bildstöckle zu allen Ehren verhelfen und es im Gartenstück aufstellen, das direkt an der Ritter-Ulrich-Straße liegt. Dort kann es von jedermann betrachtet werden. Dann steht es zwar nicht mehr exakt an der Stelle, an der sich früher der Steg befand, aber es setzt dem verstorbenen Johannes Müller in jedem Fall ein würdiges – und ein vor allem mehr beachtetes Denkmal.

Sibylle Schwenk

Das Wappen der Rieger-Familie befindet sich heute noch an der Hauswand der Rieger-Villa, in der einst die Titanic-Orgel stand.

44

Erker der Rieger-Villa
Nicht versunken auf hoher See

Beinahe wäre sie mit der Titanic untergegangen. Ein Zufall verhinderte, dass sie nicht rechtzeitig an Bord gelangte und ihr Lied dadurch noch immer erklingen kann. Statt mit dem havarierten Luxus-Passagierschiff zu sinken, fand die Orgel „Philharmonie II" Jahre später ausgerechnet in Aalen einen festen Standort: in der Rieger-Villa. Und so geht die Geschichte:

Im Jahre 1912 hatte die Freiburger Orgelbauanstalt „M. Welte und Söhne" eine Philharmonie-Salonorgel gebaut. Vor erlesenen Ohren sollte das Musikinstrument erklingen, denn „die Orgel war für die Titanic bestimmt", erzählt Holger van Daalen, Urenkel des späteren

Holger van Daalen vor dem Erker, in dem die Titanic-Orgel stand.

Besitzers der Titanic-Orgel. Ob der Orgelbauer nicht rechtzeitig bis zum Auslaufen der Titanic mit dem Bau der Orgel fertig wurde oder ob es bei der Anlieferung eine Panne gegeben hat, ist unbekannt. Jedenfalls ging die Orgel nicht mit an Bord des Luxusschiffes, das 1912 auf seiner Jungfernfahrt mit einem Eisberg zusammenstieß und sank. Rund 1500 Passagiere fanden den Tod in den Wellen.

Die Orgel jedoch stand sicher an Land.

Und jetzt kommt Heinrich Rieger (1856–1935) ins Spiel. Der Aalener Fabrikant hatte sich gerade aus seinem florierenden Eisengießerei-Unternehmen zurückgezogen und eine Villa in der heutigen Parkstraße gebaut. Nun hatte er Zeit, sich seinem Hobby – der Musik – zu widmen. Er kaufte die Welte-Orgel und ließ sie in sein Wohnzimmer einbauen. „Sicher spielte es eine Rolle, dass sich so eine tragische Geschichte um die Orgel spann. Mein Urgroßvater war ein Patriarch und legte sehr viel Wert auf sein Ansehen", sagt Holger van Daalen heute. Und die mit der Orgel verbundene Tragik sollte sich fortsetzen: Als Heinrich Rieger starb, vermachte er das Instrument seinem Sohn Carl. Dem passte das gar nicht, denn er hätte lieber das Haus in der Parkstraße gehabt. Das aber ging an seine Schwester Emma. „Emma war meine Großmutter", erzählt Holger van Daalen. „Sie heiratete Fritz van Daalen, Sohn des Kaiserlich-Königlichen Hoffotografen Jean van Daalen. Das war auch ein rechter Paradiesvogel." Emma Rieger, verheiratete van Daalen, und ihre Geschwister waren untereinander allesamt sehr verstritten. „Es war ein regelrechter Krieg", weiß Holger van Daalen. Carl versuchte, die ungeliebte Orgel für 2500 Reichsmark zu verkaufen und fand zwar eine Reihe von Interessenten, aber niemanden, der tatsächlich so viel Geld für das geschichtsträchtige Musikinstrument hätte hinlegen wollen.

Also ließ er die Orgel in seine 1937 erbaute Villa in der heutigen Bohlstraße bringen und sie dort in einem großen Erker platzieren. „Der Bau der Villa war eine Trotzreaktion, weil er das Haus in der Parkstraße nicht bekommen hatte", erzählt Holger van Daalen. „Das war der helle Wahnsinn: Der Hang runter zur Friedrichsstraße gehörte noch zum Grundstück dazu und der war über und über bedeckt mit Volieren, in denen über 300 Vögel zwitscherten."

So geht's zur Rieger-Villa:

Die Rieger-Villa steht in der Aalener Bohlstraße 22. Der Erker ist vom Tor aus zu sehen.

Nach dem Tod ihres Vaters erbte Hella Luig-Marques-Ribeiro die Villa samt Orgel. Sie verkaufte das Stück an den Baden-Badener Kaufmann und Musikautomatensammler Jan Brauers. 1982 kam sie in den Besitz des Landes Baden-Württemberg und ist heute im Deutschen Musikautomaten-Museum im Schloss Bruchsal zu sehen.

Nur der Erker an der Rieger-Villa in der Bohlstraße erinnert noch daran, dass das Musikinstrument mit seiner spannenden Geschichte einst in Aalen gestanden hat.

Eva- Maria Bast

45

Am Kreisverkehr Schloßstraße war früher der Marktplatz, und hier stand das Haus von Adam Vogt.
Maria Preisinger erinnert sich noch gut daran.

Verschwundenes Haus

Ein Leben wird totgeschwiegen

Das Haus des Schusters Adam Michael Vogt in der Wasseralfinger
Schloßstraße steht schon lange nicht mehr. Ein Kreisverkehr lenkt die
Automassen in alle vier Himmelsrichtungen, und eine Unterführung
gewährt den Schülerinnen und Schülern des Talschulzentrums eine
sichere Überquerung der viel befahrenen Straße. Genau dort befand
sich das Haus des Schusters Vogt. Wohl kaum ein Wasseralfinger kennt
noch sein kurzes Leben und ahnt etwas von dem unfassbaren Schicksal, das dem Handwerker zu Nazi-Zeiten widerfahren ist. „Sein Leben

wurde totgeschwiegen", sagt Maria Preisinger betroffen. Und hätte nicht die Tochter von Adam Michael Vogt, Schwester Gerburg Elisabeth Vogt, die tragischen Ereignisse jener Nacht Anfang Dezember des Jahres 1939 niedergeschrieben, so würde sein Schicksal und das seiner Familie wohl tatsächlich im Dunkel des Vergessens versiegen.

Maria Preisinger erinnert sich noch ganz genau an das Schustergeschäft. „Adam Vogt" prangte als Schriftzug an der Fassade des Häuschens. Drinnen jedoch war keineswegs Adam, sondern stets eine Frau anzutreffen. „Das war Theresia Vogt, die Frau von Adam Vogt", erinnert sich Maria Preisinger. Theresia Vogt verkaufte die Schuhe, braune, knöchelhohe Schnürer, die in der Werkstatt von einem Schuster gefertigt wurden. Das war aber nicht ihr Mann. „Wo ist eigentlich dieser Adam Vogt?", fragte sich die kleine Maria Anfang der 60er-Jahre. Eine Antwort bekam sie nicht. Nicht von ihren eigenen Eltern, nicht von den Nachbarn. Es hieß immer nur: „Der isch nemma do."

Adam Michael Vogt wurde am 20. August 1904 in Adelmannsfelden geboren und war von Beruf Schuhmachermeister. Er heiratete Theresia Opferkuch aus Wasseralfingen, machte eben dort ein Geschäft auf und versorgte die Wasseralfinger mit guter Handwerksarbeit in Form von perfekt sitzenden Schuhen. Das bekam später auch einmal ein SA-Gruppenleiter zu spüren, der Stiefel bestellte, die ganz eng und stramm am Bein sitzen sollten. So arbeitete sie Adam Vogt denn auch – mit dem Ergebnis, dass der Soldat die Stiefel abends nicht mehr herunterziehen konnte und damit ins Bett gehen musste. Darüber mussten die Vogts seinerzeit schmunzeln. Doch das Schmunzeln sollte ihnen schnell vergehen.

Denn Adam Michael Vogt wurde verhaftet. Aber warum? Nur wegen der Stiefel, die der SA-Mann nicht mehr vom Bein bekam? Nein, es musste noch einen anderen Grund geben. Adam und Theresia Vogt legten eine ganz klare und ablehnende Einstellung gegenüber dem herrschenden Nationalsozialismus an den Tag, freilich ohne vorauszusehen, welche Folgen das haben konnte. Adam Vogt war bekannt als offener, unbefangener, unabhängiger und freiheitsliebender Mensch, der eine Menge Freunde und Bekannte hatte, der humorvoll, lustig und witzig sein konnte und dabei auch unvorsichtige Bemerkungen machte, die darauf schließen ließen, dass er die ganze nationalsozialistische Sache nicht recht ernst nahm. Er spottete über die überschwängliche Begeisterung und lieh gerne seine Hakenkreuzfahne dem gegenüberliegenden Lebensmittelgeschäft aus, damit er sie nicht vor seinem eigenen Haus aufziehen musste.

Zudem hatten die Vogts breit gestreute Geschäftsbeziehungen, auch zu jüdischen Geschäftspartnern, darunter die Schuhfabrik Gustav Mayer aus Schwäbisch Gmünd, deren Inhaber wegen der sich immer mehr zuspitzenden Lage in die USA auswanderten. Weil die Geschäftsführer der Schuhfabrik mit den Vogts gut befreundet waren, hat sich Adam Vogt um eine Ausreisegenehmigung für seine Freunde bemüht und die Schiffskarten für sie bezahlt. Die Fabrikanten wollten sich Vogt gegenüber erkenntlich zeigen und ließen ihm noch kurz vor ihrer Abreise Material aus ihrer Schuhfabrik zukommen, das Adam Vogt aber in seinem eigenen Betrieb nicht verwenden konnte. So blieben die Materialien und Gegenstände einfach eingelagert. Diese Restbestände waren der Vorwand dafür, dass Adam Michael Vogt am 28. November 1939 von der Gestapo abgeführt wurde. Als weiteres „Delikt" kam hinzu, dass im Hause Vogt regelmäßig ausländische Radiosender gehört wurden.

Ein paar Tage später kam es vor dem Haus am Marktplatz 20 zu einem Tumult, die Eingangstüre wurde aufgebrochen und SA-Männer und die Hitlerjugend drangen ins Haus ein. Vor dem Marktplatz hatten sich Sprechchöre formiert: „Heraus mit der Judenware!" Geschäft und Privatwohnung wurden durchwühlt und geplündert.

Theresia Vogt stand allein mit einem Kind da, eben jener späteren Ordensschwester Gerburg, die später ihre Kindheitserinnerungen aufzeichnete, und einem Ungeborenen im Leib. Ohne Mann, ohne Arbeit, ohne Zukunft. Was mit Adam Michael Vogt nach seiner Verhaftung passiert ist, konnte später nachkonstruiert werden. Im Fragebogen für vermisste Personen, den der Landesausschuss Württemberg-Baden für politisch Verfolgte des Naziregimes aufnahm, heißt es trocken: „Wurde politisch verfolgt – ja – verhaftet am 28.11.39 von der Gestapo – Urteil: Wegen Abhören feindlicher Sender und Kauf von Waren bei Juden – Untersuchungshaft vom 28.11.39 bis 12.12.39 in Ellwangen – Gefängnis vom 13.12.39 bis 18.12.39 in Stuttgart, KZ vom 18.12.39 bis 14.3.40 in Welzheim." Nach fünfmonatiger Haft kehrte Adam Vogt verstört aus dem KZ zurück, hatte aber unterschreiben müssen, nichts über seinen KZ-Aufenthalt zu berichten. Einen Tag nach der Geburt seines Sohnes wurde er ein zweites Mal abgeholt und zur Wehrmacht eingezogen. 1943 wurde Adam Vogt aus Russland als vermisst gemeldet.

So geht's zum verschwundenen Haus:

Das Haus des Schusters stand am heutigen Kreisverkehr in der Wasseralfinger Schlosserstraße, Abzweigung Schloßstraße, dort, wo sich jetzt die Unterführung befindet.

Theresia Vogt betrieb das Geschäft noch kurze Zeit weiter. Über ihren Mann wurde nie mehr gesprochen. Man schwieg ihn tot. Adam Michael Vogt verschwand ebenso wie Jahre später sein Haus, in dem er gelebt hatte. Aus den Augen, aus dem Sinn. Für immer verloren und vergessen.

Sibylle Schwenk

46

Das Bräu-Fenster in der Stadtkirche.

Glasfenster
„Gut und Blut daran setzen"

Es geschah im Jahre 1981. Das großartige Glasporträt des Johannes Preu, auch Breu oder Bräu geschrieben, sollte im Treppenhaus der Stadtkirche aufgehängt werden. Doch – oh Schreck: Das damals 100 Jahre alte Kunstwerk fiel zu Boden und zersprang in tausend Scherben. Man legte die größeren Glassplitter in eine Schachtel und brachte sie in den Keller, wo sie der Vergessenheit anheim fielen. Bis man sie 21 Jahre später beim Aufräumen wieder entdeckte. Die Gemeindemitglieder Elisabeth Keiner, Horst Retter und Fritz Walter riefen eine Spendenaktion ins Leben und ließen das Werk restaurieren. Es wurde – nun ganz vorsichtig – aufgehängt. Johannes Preu begrüßt also jeden, der die Stadtkirche durch den Turmeingang betritt. Und das ist passend, schließlich ist es weitgehend ihm zu verdanken, dass Aalen eine evangelische Kirche hat. Schon früh, nämlich um 1525, hatte es in Aalen Keime der Reformation gegeben, die aber aufgrund zahlreicher Widerstände Keime blieben oder allenfalls zu Knospen wurden. Erst 1575, also relativ spät und zwanzig Jahre nach dem Augsburger Religionsfrieden von 1555, trieben Bürgermeister Andreas Bader und Ratsschreiber Johannes Preu die Reformation energisch voran. Sie holten sich moralische Unterstützung von Vertretern gleichgesinnter Städte und forderten vom Ellwanger Propst die Anstellung eines evangelischen Pfarrers. Viele Bürger unterstützten die Bemühungen und unterzeichneten eine entsprechende Bittschrift an den Rat. Was auf der Ostalb vor sich ging, erregte Unwillen am bischöflichen Hof in Augsburg. Schließlich gehörte Aalen zum Sprengel des dortigen Bistums. Der Bischof schickte dann auch gleich zwei Männer, Wolf von Landenberg und Johann Huber, nach Aalen. Von Landenberg und Huber erklärten, der Bischof könne Aalen den Anschluss an die Reformation nicht genehmigen. Man verwarnte den Rat noch „treu und gutherzig", drohte aber, dass die Aalener, so sie sich nicht fügten, „durch einen gewaltigen Potentaten" in die Schranken gewiesen werden könnten. Der Rat ließ den bischöflichen Gesandten über Ratsschreiber Preu ausweichend mitteilen, die Ratsmitglieder seien nicht vollzählig und daher könne man derzeit keine Antwort geben. Das gefiel den Augsburgern freilich gar nicht. Sie waren erst zufrieden, als sich der Rat bereit erklärte, einen von ihnen mitgebrachten Pfarrer einzusetzen. Erfreut über den Erfolg luden von Landenberg und Huber in die „Krone" ein, doch die Zufriedenheit sollte nicht lange währen: Preu wagte es nämlich, ein ihm angetragenes Buch „Zur Ketzerbekehrung" abzulehnen. Und da, schreibt Pfarrer Werner Rau, „wurden die beiden Gäste ausfällig, indem sie sich in schmutzigen Bemerkungen und üblen Schimpfereien über Luther und die Reformation ergingen". Preu habe sich die „gröblichen Verleumdungen" in aller Form verbeten, was dazu führte, dass sich „der vor lauter Wut tobende und schreiende Herr von Landenberg fast zu Tätlichkeiten hinreißen" ließ. „Nicht viel hätte gefehlt und er hätte zur Waffe gegriffen." Nach der Abreise der ungebetenen Augsburger Gäste machten sich Bader und Preu auf den Weg zu Herzog Ludwig nach Stuttgart, der ihnen „alle gnädige und nachbarliche Beförderung in dem Werk" zusagte. Der Herzog verfasste ein Schreiben an den Rat und schickte auch ein ausführliches Rechtsgutachten, in dem es hieß, Aalen habe zur Einführung der Reformation „Fug und Macht", dank des Augsburger Religionsfriedens habe niemand, selbst nicht der Propst und der Kaiser, die Handhabe, das zu verhindern. Der richtige Weg sei, vom Propst die Einsetzung eines evangelischen Pfarrers zu fordern. Man solle dem Propst einen Tag, nämlich den 29. Juni, für die Einsetzung der Reformation nennen, empfahl der Herzog und stellte den beiden Aalenern einen Rechtsbeistand zur Seite. Der Propst merkte an, dass die Stadt auf eigene Kosten einen evangelischen Pfarrer anstellen könne, da man Mittel aus den Aalener Pfründen nicht zur Verfügung stellen werde. Und dass die Evangelischen nur eine „Sonderkirche" bekommen würden, da man die Altgläubigen nicht aus ihrem Gotteshaus vertreiben könne und dürfe. Und es kam noch schlimmer, denn einige Reformationsgegner in Aalen brachten ihre Wut in der Nacht vom 4. auf den 5. Juni durch die Zerstörung von Eigentum evangelischer Aalener zum Ausdruck: Unbekannte schlugen die Ziegeldächer der Scheunen von Preu und Bader ein, Bäume eines evangelischen Ratsmitglieds wurden verstümmelt und Fensterscheiben eingeworfen. Der Rat ließ sich nicht einschüchtern und erklärte, für ihn sei jetzt der Moment gekommen, die Reformation endgültig zu verkünden. Am 6. Juni lud er zu einer Bürgerversammlung im Kornhaus. Preu las den Ratsbeschluss vor: „Wir sind einhellig entschlossen, in unserer Stadt zu unserer selbsten und eurer, unserer lieben Bürgerschaft, derselben Kinder und Nachkommen Seelen Seligkeit im Namen des Herrn uns hiefüro zur Augsburger Konfession zu bekennen …und dabei bis ans Ende zu verharren. Wir, Bürgermeister und Rat, wollen um des Evangeliums willen Gut und Blut daran setzen." Preu versicherte bei der Versammlung: „(S)olche Bösewichter sollten mich nicht von dem lieben Evangelium abwendig machen, und wenn man mir alle Tage einen Koten einschlagen würde." Damit bezog er sich auf die Zerstörung seines Schuppens, auch „Koten" genannt, in der Nacht zum 5. Juni. Die meisten Aalener waren überzeugt von der Reformation: Rund 2000 Einwohner hatte die Stadt damals, nur 40 verweigerten ihre Unterschrift für die Reformation. Herzog Ludwig schickte den Tübinger Kanzler, den Theologen Jakob Andreä, und den württembergischen Pfarrer Adam Salomon nach Aalen. Die beiden trafen am 8. Juni ein. Andreä hielt am Tag darauf die erste „wirklich und ganz evangelisch zu nennende" Predigt in Aalen. Woraufhin Bürgermeister, Rat und Bürger mit „großem Frohlocken und herzlicher Lobpreisung die evangelische Konfession aufrichteten und dem Herrn Jesu Christo und seinem Evangelium die Ehrenpforten aufschlossen".

So geht's zum Fenster:

Das Glasgemälde des Johannes Preu hängt in der Aalener Stadtkirche an der Wand des durch den Turm führenden Eingangs. Man erreicht ihn von der Straße „An der Stadtkirche".

Gut 300 Jahre später, anno 1896, setzte man die Glasfenster in die neu sanierte Sakristei ein, die an die evangelischen Wegbereiter erinnern sollten: eines für Martin Luther, eines für den württembergischen Reformator Johannes Brenz, eines für den Theologen Jakob Andreä und eines für Johannes Preu. Warum man das Preu-Fenster 100 Jahre später im Treppenhaus aufhängen wollte? Ganz einfach: Es musste menschlichen Bedürfnissen weichen. In die Sakristei wurde eine Toilette eingebaut – dort, wo sich das Fenster des Johannes Preu befand. Dieses konnte man nicht öffnen, also war es als Toilettenfenster ungeeignet. Mit einem kräftigen Augenzwinkern könnte man auch hinzufügen, dass die Aalener vielleicht nicht wollten, dass das Konterfei des Wegbereiters ihres evangelischen Glaubens in Aalen nun eine Toilette zieren würde. Jedenfalls wurde das Fenster ausgebaut, um an einem würdigen Platz wieder aufgehängt zu werden. Was der ungeschickte Handwerker, dem das Fenster anvertraut war – sicherlich ungewollt – vereitelte.

Es passt irgendwie zur ganzen Geschichte der Reformation in Aalen, dass drei Kirchengemeindemitglieder die Scherben des Porträts ihres Wegbereiters Jahre später liebevoll buchstäblich zusammensetzen ließen. Und es passt auch, dass das Bildnis dieses Kämpfers für den evangelischen Glauben einen ebenso spannenden und aufregenden Weg gehen musste wie Johannes Preu selbst, bis es im Eingangsbereich der Stadtkirche zu hängen kam.

Eva-Maria Bast

47

Christa Hartmann vor dem
Wasseralfinger Schloss.

Wasseralfinger Schloss

„candide et fortiter – aufrichtig und stark"

Allein die Ansicht des Wasseralfinger Schlosses, sein herrschaftlicher Bau und seine schöne Lage lassen vermuten, dass sich in der jahrhundertelangen Geschichte dort wichtige Dinge abgespielt und noch wichtigere Menschen dort gelebt haben. Einer von ihnen ist Johann Christoph I. von Westerstetten, Fürstpropst von Ellwangen von 1603 bis 1613 und später Bischof von Eichstätt. Dass es genau dieser Mann war, der Wasseralfingen dazu verholfen hat, einer der bedeutendsten Orte der Montan-Industrie in Deutschland zu werden und dass er zudem in jenem imposanten Schloss in Wasseralfingen geboren ist, das ist eher unbekannt. Die Heimatforscherin Christa Hartmann jedoch weiß davon zu erzählen.

Fünf Jahre nachdem Wolf Rudolf von Westerstetten im Jahr 1558 als Vogt der Ellwanger Fürstpröpste seinen Dienst in Wasseralfingen angetreten hatte, kam Spross Christoph zur Welt und freute sich vermutlich an den Wiesen rund um das Schloss und an dem schmucken Innenhof, in dem man so schön spielen konnte. 45 Jahre lang versah sein Vater den fürstpröpstlichen Dienst, bevor dann Wolf von Westerstetten, der Bruder Christophs, die Verwaltungsgeschäfte auf dem Schloss übernahm. Für Christoph jedoch war ein „höherer" Weg vorgesehen: Er wurde fast zeitgleich mit der Amtsübernahme seines Bruders in Wasseralfingen zum Fürstpropst in Ellwangen. „Vor seiner Wahl durch die Stiftsherren in Ellwangen betrieb der angehende Theologe Studien in Dillingen, Ingolstadt und Dôle", berichtet Christa Hartmann, selbst gebürtige Ellwangerin. Sein Wahlspruch lautete: „candide et fortiter – aufrichtig und stark". Doch immer danach leben, das konnte er wohl nicht ganz. Immerhin

> **So geht's zum Wasseralfinger Schloss:**
>
> Das Wasseralfinger Schloss steht in der Schloßstraße 7.

jedoch brachte seine Geschäfstüchtigkeit Wasseralfingen einen bedeutenden Schritt voran: Johann Christoph I. von Westerstetten ließ heimlich nach Eisenerz schürfen und – wurde fündig.

Die Idee allerdings, in den Hügeln rund um Wasseralfingen nach Eisenerz zu suchen, war nicht seine eigene. „Im Jahr 1608 entdeckte Hans Sigmund von Woellwarth bei Attenhofen das begehrte Eisenerz", sagt Christa Hartmann. Von Woellwarth hatte nun zwar den Rohstoff, aber nicht die Energie, sprich die Wälder, um ihn zu verhütten. Deshalb schlug er Christoph von Westerstetten einen Deal vor: „Ich liefere das Eisenerz und du die Holzkohle aus deinen Wäldern", soll er sinngemäß gesagt haben. Von Westerstetten lehnte ab und bot dem Freiherrn von Woellwarth stattdessen 30.000 fl (Gulden) für die Schürfrechte. Damit war wiederum von Woellwarth nicht einverstanden. Deshalb ließ von Westerstetten, im Stillen wohl eine große Sache vermutend, heimlich durch den kochenburgischen Erzgräber Konrad Hofele aus Ellwangen in Wasseralfingen „unter dem Rainen" am Braunenberg, aber auch bei Oberalfingen in der so genannten „Waidt", nach Eisenerz schürfen. Er entdeckte tatsächlich die Fortsetzung des Attenhofer Flözes. Auch in Abtsgmünd wurde man fündig, und die Fürstpropstei ließ zunächst dort einen Schmelzofen errichten. Zudem kaufte die Fürstpropstei unter dem Nachfolger Christophs von Westerstetten, der inzwischen Bischof von Eichstätt geworden war, die bereits bestehenden Eisenwerke und Schmieden in Ober- und Unterkochen samt Bergwerken auf. Weil die Transportwege des Wasseralfinger Eisenerzes zu den dortigen Schmelzöfen mit der Zeit zu umständlich wurden, baute Fürstpropst Johann Christoph II. von Freyberg und Eisenberg in Wasseralfingen einen Hochofen. „Nach dreijähriger Bauzeit floss am 17. Februar 1671 das erste Wasseralfinger Eisen", erzählt Christa Hartmann.

Doch zurück zu Johann Christoph I. von Westerstetten: Alles andere als „candide et fortiter – aufrichtig und stark" war er auch in einem anderen Abschnitt seines Lebens. Der gebürtige Wasseralfinger war ein Hexenverfolger. „Ein düsteres Kapitel", sagt die Geschichtskennerin Christa Hartmann. In der Zeit von 1611 bis 1613, also während seiner letzten drei Jahre als Fürstpropst in Ellwangen, wurden unter seiner Herrschaft etwa 280 Menschen unter dem Vorwurf der Hexerei hingerichtet. Zunächst hatte von Westerstetten den so genannten „Hexenrat" begrün-

Das Wasseralfinger Schloss wurde im Jahr 1337 erbaut.

det, bestehend aus zwei fürstlichen Räten, die mit Einleitung, Durchführung und Vollstreckung der Hexen-Prozesse für eine strenge Systematik der Verfahren zu sorgen hatten.

„Ohne jegliches Verständnis stehen wir heute fassungslos vor diesen unmenschlichen Ausschreitungen, die in religiösem Wahn und totaler Verblendung begangen wurden", kommentiert Christa Hartmann. Lediglich die Tatsache, dass Christoph I. von Westerstetten in seinem Leben noch andere, bedeutende Dinge zustande gebracht hat, habe sie an dieser Person interessiert. Neben der Entdeckung des Eisenflözes war dies auch die Herausgabe des „Hortus Eystettensis" (Garten von Eichstätt). Dieses großformatige, handkolorierte Kupferstich-Werk gilt als prachtvollstes Stück von Pflanzendarstellungen im deutschsprachigen Raum. Die Vorlagen zu den 366 Tafeln, die Bischof Johann Conrad von Gemmingen noch vor seinem Tod 1612 in Auftrag gegeben hatte, stammen aus dem fürstbischöflichen Garten bei der Willibaldsburg. Von Westerstetten ignorierte die Vorarbeiten von Gemmingens und erwähnte die Verdienste seines Vorgängers mit keiner Silbe.

So viel zum Thema „candide et fortiter – aufrichtig und stark".

Sibylle Schwenk

48

Ein würdiger Platz zwischen hohen Bäumen.

Bronzene Weltkugel
Ein Königssohn in Aalen

Eine große, bronzene Weltkugel, die mitten auf einem Grabstein sitzt, zieht die Blicke der Besucher des St.-Johann-Friedhofs auf sich. Es ist ein faszinierendes Grab, und es kündet von der mühelosen Integration zweier afrikanischer Kinder im Aalen des ausgehenden 19. Jahrhunderts und von einem erschrockenen Badegast. Es erzählt aber auch von der Apartheid und von einem Mann, der für seine Überzeugung sterben musste: Rudolf Manga Bell. Wobei es sich bei dem Grab nicht um die letzte Ruhestätte Manga Bells, sondern um die seines Förderers Gustav Pahl handelt. Der Aalener Gustav Pahl war seit 1888 als Kaiserlicher Finanzrat in der deutschen Kolonie Kamerun beschäftigt. Als er 1891 auf Heimaturlaub kam, um zu heiraten, nahm er zwei afrikanische Jungen, den 16-jährigen Königssohn Rudolf Manga Bell und seinen zehnjährigen Freund Tube Metom mit. „Die Aalener hatten noch nie zuvor einen Farbigen gesehen", erzählt der geschichtskundige Alt-Aalener Gerhard Kayser. „Deshalb hat man die Ankunft der Reisenden auch gespannt erwartet, ganz Aalen hatte sich am Bahnhof und am Haus von Lehrer Oesterle versammelt, der sich bereit erklärt hatte, die Jungen nicht nur zu unterrichten, sondern sie auch zu beherbergen." Da Rudolf Manga Bell unterwegs erkrankt war, hatte Pahl ihn im Tübinger Krankenhaus abgeliefert, deshalb kam zuerst nur Tube mit seinem deutschen Begleiter an. Wenig später traf auch Manga Bell in Aalen ein. „Die beiden Buben führten sich allgemein sehr gut auf. Sie waren überall sehr beliebt", schreibt Hermann Stützel, ein Schulkamerad der beiden Afrikaner, in seinen Erinnerungen. „Um ihre Freundschaft wurde richtig gebuhlt." Doch nicht alle Aalener nahmen die beiden Afrikaner so selbstverständlich in ihrer Mitte auf, wie die Schüler es taten: „Rudolf Manga Bell tauchte im Freibad einmal unter und dann direkt vor einem erwachsenen Badegast wieder auf. Der erschrak sich wahnsinnig wegen des dunklen Gesichts und rannte aus dem Freibad", erzählt Gerhard Kayser.

Der Grabstein des Gustav Pahl.

Die unbeschwerte Zeit in Aalen sollte für Rudolf Manga Bell und seinen Freund Tube schnell zu Ende gehen: 1895 verließen die jungen Afrikaner die Stadt. Tube machte in Ulm eine Lehre als Koch, Rudolf studierte Rechtswissenschaften. Dann reisten beide wieder zurück nach Kamerun. „Tube soll bei einer Expedition gestorben sein", bedauert Kayser. Fast noch tragischer ist das Schicksal von Rudolf Manga Bell der seinen im Jahr 1908 verstorbenen Vater A. Manga Bell, Oberhäuptling von Duala und Kamerun, inzwischen beerbte: „Die deutsche Kolonialherrschaft unterdrückte die Einwohner Kameruns massiv, beutete sie aus und wollte sie letztendlich sogar zum Umsiedeln zwingen, obwohl ihnen von der deutschen

Afrika ist auf der Weltkugel deutlich zu sehen.

Reichsverwaltung ursprünglich vertraglich zugesichert worden war, dass sie ihre angestammten Häuser nicht verlassen müssten", erzählt Gerhard Kayser. Rudolf Manga Bell wehrte sich. Zunächst versuchte er es friedlich – mit einem Schreiben an den Reichstag. Als das nichts fruchtete und die Situation sich mehr und mehr verschärfte, rief Manga Bell einen Widerstand ins Leben. „Dann beschuldigte man ihn des Hochverrats", erzählt Gerhard Kayser. „Und kurz bevor der Erste Weltkrieg ausbrach, wurde er durch den Strang hingerichtet."

Rudolf Manga Bell starb stolz und bitter. Die Hilfe zur Flucht, die ihm ein deutscher Freund anbot, lehnte er ab. Aus Stolz, aber auch weil er Repressalien gegen sein Volk fürchtete. Rudolf Manga Bell musste sich die Schlinge selbst um den Hals legen. Heldenhaft war sein Tod, scharf seine letzten Worte: „Unschuldiges Blut hängt ihr auf... Aber verdammt seien die Deutschen. Gott! Ich flehe dich an, höre meinen letzten Willen, dass dieser Boden niemals mehr von Deutschen betreten werde."

Dieser letzte Wille des Manga Bell hat sich nicht erfüllt. Stattdessen setzt die Weltkugel auf dem Grab des Gustav Pahl ihm in gewisser Weise ein Andenken. Inmitten von Menschen eines Volkes, das er in den letzten Sekunden seines Lebens verdammte. Menschen, mit denen er in seiner Kindheit gelacht hat, mit denen er glücklich war. Man kann es verstehen, dass diese glücklichen Stunden aus Kindertagen von den Schatten, die danach kamen, überdeckt wurden. Doch vielleicht grub sich ja ein kleines Licht der Erinnerung in die letzten Worte des Rudolf Manga Bell. Und vielleicht schlug es noch in der Brust des stolzen Königs, das Herz des Jugendlichen, das einst in Aalen gelernt hatte, dass es viele Menschen gibt, die keine Unterschiede zwischen Schwarz und Weiß machen. Auch damals nicht, Ende des 19. Jahrhunderts. Und dass Freundschaft rein gar nichts mit der Hautfarbe zu tun hat. Gerhard Kaysers Großvater Otto Schwarz jedenfalls, der den etwa gleichaltrigen Rudolf Manga Bell während dessen Aalener Zeit kennengelernt hatte, war dem Afrikaner bis zuletzt freundschaftlich verbunden. Und auch Manga Bell schrieb Otto Schwarz noch oft aus Kamerun, die Postkarten besitzt Gerhard Kayser heute noch. Die Freundschaft hat sich auf die Nachkommen der beiden übertragen: Gerhard Kayser lernte Jean-Pierre Félix-Eyoum, einen Großneffen von Rudolf Manga Bell kennen, als dieser auf den Spuren seines Großonkels nach Aalen kam. Mit großem Respekt haben die Männer die gemeinsame Geschichte ihrer Vorfahren aufgearbeitet. Schwarz und weiß. Seite an Seite.

So geht's zur Weltkugel:

Der St. Johann-Friedhof befindet sich neben der St.-Johann-Str. und unterhalb des Limes-Museums in Aalen. Das Grab des Gustav Pahl erreicht man, wenn man nach dem Haupteingang gleich den ersten Weg nach rechts einschlägt. Das Grab befindet sich auf der rechten Seite, direkt an der Friedhofsmauer.

Eva-Maria Bast

49

Albrecht Schmid vor der Hintertür des Spion-Rathauses.

Hintertür Spion-Rathaus
Auf der Suche nach Einlass

Seit Mitte der 1970er-Jahre laufen die Fäden der Aalener Stadtverwaltung alle am selben Ort, dem Rathaus am Südlichen Stadtgraben, zusammen. Es ist dies das dritte Rathaus in der Stadt. Nur noch die älteren Aalener wissen, dass – bevor dieses neue Rathaus gebaut wurde – die Behörden in der ganzen Stadt verteilt waren und es gar nicht so einfach war, sich im Behörden-Dschungel zurechtzufinden. Auch im Spion-Rathaus waren bis zum großen Umzug diverse Ämter untergebracht. Der Eingang befand sich an der Hinterseite des Gebäudes. Dort spielte sich vor vier Jahrzehnten folgende Szene ab:

„Was will denn der eigentlich?", dachte sich wohl der Beamte auf dem Einwohnermeldeamt der Stadt Aalen, das vor 40 Jahren im Spion-Rathaus untergebracht war, und betrachtete den bärtigen und etwas wild aussehenden Mann, der gerade durch die Tür gekommen war. Er wolle sich hier anmelden, erklärte der Bärtige und füllte unter den argwöhnischen Blicken des Beamten den Meldezettel aus. „Was sind Sie von Beruf?", wollte der städtische Mitarbeiter wissen. „Ich bin Arbeiter!", antwortete der Besucher barsch, aber voller Überzeugung. „Ja, aber...", insistierte der Beamte, „hier haben Sie doch aufgeschrieben, dass Sie am Theodor-Heuss-Gymnasium eine Stelle haben!" Der Fremde: „Ja, völlig richtig, ich arbeite für das Volk!"
Pause – Blick-Blitze – und dann die Abfuhr: „Solche wie Sie könne mr in Oola net braucha!" Mit diesen Worten schickte der Beamte den bärtigen Menschen fort – keinen anderen als den späteren Stadtrat Albrecht Schmid, der zu diesem Zeitpunkt noch eher erfolglos ein Oalamer werden wollte.

> **So geht's zur Hintertür des Spion-Rathauses:**
>
> Das Spion-Rathaus steht am Aalener Marktplatz, Ecke Reichsstädter Straße.
> Die Hintertür geht auf die Mittelbachstraße.

Wenn er auch mit dem Gedankengut der deutschen Studentenbewegung der 1960er-Jahre in Aalen ankam und aus München und Tübingen den Freigeist mitbrachte, so erkannte Schmid doch früh den Charme des Kocherstädtchens und fand sogar fast auf Anhieb die richtige Tür zum Einwohnermeldeamt. Das nämlich war in den frühen Siebzigern gar nicht so einfach.

„Die Behörden waren auf verschiedenste Häuser verteilt", erinnert sich der ehemalige Stadtkämmerer Siegfried Staiger. Als Kassenverwalter beispielsweise war Siegfried Staiger im Alten Rathaus (Marktplatz 2, Café Podium) untergebracht. Die Stadtpolizei war bis zum 1. April 1957 eben dort. Deren Arrestzellen dienten nach dem Auszug der Polizei bis 1975 der Stadtkasse als Archivräume. Das Napoleonzimmer, in dem heute das Theater der Stadt Aalen ansässig ist, war das Trauzimmer, und der Sitzungssaal befand sich im ersten Obergeschoss auf der Nordseite, wo heute Theatergäste den Schauspielern Beifall spenden. Nebenan, im Gebäude Marktplatz 4 (Touristik Service), befanden sich im ersten Obergeschoss die Archivräume der Stadt.

Das Standesamt hatte seine Bleibe in der Radgasse gefunden und in der Friedhofstraße 4 konnten die Mitarbeiter des Bauordnungsamtes ihre Schreibtische aufstellen. Ein paar Häuser weiter, in der Friedhofstraße 7, war zunächst das Tiefbauamt, später dann das Personal- und Organisationsamt beheimatet. Das Stadtbauamt wiederum hatte seine Zelte in der Friedhofstraße aufgeschlagen. In einer ganz anderen Ecke der Stadt war das Stadtvermessungsamt untergebracht: im ehemaligen Gebäude der Pestalozzi-Schule an der Stuttgarter Straße nämlich. Die Stadtwerke schließlich waren in der damaligen Karlstraße, heute Wilhelm-Zapf-Straße, zu finden. Und das Einwohnermeldeamt samt Ordnungsamt eben, das durfte im Spion-Rathaus weilen, Eingang Hintertür.

Mit der kommunalen Gebietsreform und den Eingemeindungen von Waldhausen, Ebnat, Dewangen, Fachsenfeld, Unterkochen und Hofen sowie dem Zusammenschluss mit Wasseralfingen bekam die Stadt Aalen ein neues Gesicht als Flächenstadt und ein neues Rathaus, das in den Jahren 1972 bis 1975 gebaut wurde. „Bei der Einweihung an den Reichsstädter Tagen im September 1975 gab es einen riesigen Ansturm der Bürgerinnen und Bürger auf das neue Rathaus", erinnert sich Siegfried Staiger. Dass

Das Spion-Rathaus in rückwärtiger Ansicht.

nun auf einen Schlag alle Behörden in einem einzigen Haus untergebracht waren, das war für die Aalener ein Novum. Der Umzug der Behörden war „gigantisch". „Eine logistische Meisterleistung", lobt Siegfried Staiger. Innerhalb von nur drei Tagen war der Umzug seiner Behörde perfekt.

Auch Albrecht Schmid geht mittlerweile mehrmals die Woche durch die Glastüren des neuen Rathauses. Aus dem einst verschmähten, aufsässigen und von Ideologien geprägten Jung-Pädagogen ist mittlerweile ein Stadtrat geworden, der seit 40 Jahren in Aalen lebt und arbeitet und sich seit 28 Jahren im Gemeinderat engagiert.

Der Vollständigkeit halber: Eine Woche nach dem eingangs beschriebenen Dialog startete Albrecht Schmid einen zweiten Versuch auf dem Einwohnermeldeamt. Die Hitzköpfe waren abgekühlt und wenn auch die Stimmung noch unterkühlt war, so konnte sich Albrecht Schmid schließlich doch ordentlich als Bürger der Stadt anmelden und ein waschechter „Oalamer" werden.

Sibylle Schwenk

50

Hier stieg Ulrich Pfeifle bei Nacht und Nebel mit dem Schlauchboot und in Begleitung zweier Männer in das damals geschlossene Bergwerk ein.

Seiteneingang
Schlauchbootfahrt in tiefster Dunkelheit

Tagtäglich fahren auf dem Weg zum Aalener Besucherbergwerk „Tiefer Stollen" unzählige Touristen, Ausflügler und andere Abenteuerlustige an ihm vorbei. Aber Beachtung schenkt dem winzigen Flachdachhäuschen, das etwas oberhalb des Bergwerks in einer Kurve steht, kaum einer. Ein Blick durch die vergitterte Tür oder das runde Fenster gibt Aufschluss darüber, dass das Häuschen in den Tiefen Stollen hineinführt. „Es ist eine Art Nebeneingang", bestätigt Ulrich Pfeifle. „Aber was diesem Nebeneingang für eine Bedeutung zukommt und was sich für eine skurrile Geschichte darum spinnt, das weiß heute kaum einer", schmunzelt Aalens ehemaliger Oberbürgermeister.

Doch von vorn: Im Bergwerk „Tiefer Stollen" wurde lange Zeit Eisenerz abgebaut. Den Rohstoff nutzten die Menschen der Ostalb schon seit der Antike, im Mittelalter bildeten sich dann Erzgruben und Eisenhütten. Ab dem 17. Jahrhundert entstanden die Stollen. „Auch im 19. Jahrhundert und in der ersten Hälfte des 20. Jahrhunderts hat man noch in den Stollen gehauen", sagt Ulrich Pfeifle. Doch der Eisenerzabbau lohnte sich immer weniger, 1939 wurden die meisten Stollen stillgelegt, 1948 schloss auch der letzte, der Faber-du-Faur-Stollen, seine Pforten. Als Ulrich Pfeifle im Jahre 1976 als junger Oberbürgermeister nach Aalen kam, war das Bergwerk also längst stillgelegt. „Ich habe zwar gehört, dass es in Aalen mal ein Bergwerk gab, wusste aber, dass dieses zugemauert ist und man nicht mehr reinkommt", erzählt er. Doch dann, Ulrich Pfeifle war etwa zehn Jahre lang im Amt, erschienen auf dem Rathaus zwei junge Leute „mit blei-

So geht's zum Seiteneingang:

Das kleine Seiteneingangshäuschen befindet sich an der Ortsverbindungsstraße Wasseralfingen-Röthardt neben dem heutigen Vereinsgebäude des Postsportvereins.

Der Ort, an dem alles begann: Der Seiten-eingang zum Bergwerk „Tiefer Stollen".

chem Gesicht", wie sich Pfeifle erinnert, die ihm gestanden, illegal ins Bergwerk eingestiegen zu sein. „Sie haben mir in etwa 100 Farbdias das Innere des Bergwerks gezeigt – ich war sprachlos: Es sah nämlich fantastisch aus." Ulrich Pfeifle fackelte nicht lang. Er stieg, in Beglei-tung der jungen Männer, selbst ins Bergwerk ein. Illegal. Bei Nacht und Nebel. Im Schlauchboot und mit Helm auf dem Kopf. Und warum mussten die Herren ein Schlauchboot mitnehmen? „Das ist ja ein etwa 400 Meter langer Gang und als der vorne zugemauert wurde, hat sich darin ein Wasserstand von eineinhalb Metern aufgebaut", erklärt der Alt-OB. Manchmal, erinnert sich Pfeifle, habe er sich in seinem Schlauchboot auch ducken müssen, weil er mit seinem Helm am Stein entlanggeschrammt sei. „Wir fuhren ja ziemlich nah an der Decke entlang, es war stockfinster, aber ein paar Lampen hatten wir dabei."

Und dann war der Gang plötzlich verschüttct, die Männer mussten aussteigen und drüberklettern. „Doch es hat sich gelohnt, dahinter befanden sich richtige Hallen", schwärmt Ulrich Pfeifle noch heute. „Ich war so begeistert und deshalb war klar, dass ich alles daransetzen würde, den Stollen als Besucherbergwerk wieder zu öffnen."

Gesagt, getan: Pfeifle rief zur Gründung eines Fördervereins auf, schon nach der ersten Versammlung zählte der Verein 95 Mitglieder. Die Ehrenamtlichen arbeiteten „zigtausende von Stunden", wie Pfeifle sagt, um alles aufzuräumen. Und dann, es war 1987, wurde das Besucherbergwerk eröffnet und später eine Asthma-Therapiestation angegliedert. Jedes Jahr, freut sich das ehemalige Stadtoberhaupt, werde das Bergwerk von bis zu 60.000 Gästen besucht.

Aber kaum einer, der heute die gute Luft atmet oder auf sicheren Gleisen im Bergwerk verschwindet, weiß, dass der Ursprung der Bergwerköffnung eigentlich ganz woanders liegt: bei dem kleinen, vergessenen Eingangshäuschen durch das die Entdecker einstiegen. Und dass einst zwei mutige Männer und ihr Oberbürgermeister im Dunkeln auf diesen Bergwerksgängen entlangfuhren – im Schlauchboot. „Manchmal", sagt Pfeifle nachdenklich, „sind es eben die unkonventionellen Wege, die zum Erfolg führen."

Eva-Maria Bast

Das 51. Geheimnis
Tod in Friedrichshafen

Bei meinen Recherchen für dieses Buch stieß ich auf eine tragische Verbindung zwischen zwei Städten, in denen ich die „Geheimnisse der Heimat" 2012 herausbringe: Aalen und Friedrichshafen. Jugendliche aus beiden Städten waren im Friedrichshafener Ortsteil Schnetzenhausen im Zweiten Weltkrieg gemeinsam in der Flak eingesetzt. 22 junge Männer, darunter fünf aus Aalen, einer aus Unterkochen, einer aus Hofen und einer aus Lauchheim, kamen bei einem schrecklichen Luftangriff ums Leben. In Aalen erinnert eine Gedenktafel am Schubart-Gymnasium, wo die Buben zur Schule gingen, an das Ereignis. In Friedrichshafen wurde eine Kapelle errichtet, an jenem Ort, an dem sie sterben mussten. Die Überlebenden treffen sich dort noch heute, immer zum Jahrestag. Und insofern steht ein Relikt für tragische Aalener Schicksale in Friedrichshafen, weswegen ich die folgende Geschichte der Kapelle in Schnetzenhausen aus Friedrichshafen in leicht gekürzter Version auch den Aalenern nicht vorenthalten möchte. Ich tue das in tiefem Mitgefühl für diese Generationen, die unendlich viel Leid erdulden mussten. Ein Leid, das wir, die wir lange nach 1945 geboren wurden, nicht im Mindesten nachvollziehen können. Wir können nur versuchen, gegen das Vergessen zu kämpfen, indem wir uns für die Geschichte interessieren und sie an nachfolgende Generationen weitergeben. Mit der Bitte um Wachsamkeit, Vorsicht und Behutsamkeit, damit sich so etwas nie mehr wiederholt. Und mit der Bitte um Demut dafür, dass uns solch ein friedliches Leben im Wohlstand geschenkt ist. Die Geschichte über die Buben, die in Friedrichshafen den Tod fanden, ist mein winzig kleiner Beitrag dazu. Geschrieben mit großem Respekt für die Verstorbenen und die Überlebenden, die heute hochbetagt sind.

Ich widme dieses Buch den jungen Männern, die an jenem Tag starben und jenen, die dabei zusehen mussten. Und allen Kindern und Jugendlichen, die in jenem schrecklichen Krieg ums Leben kamen. Und ich widme

IM KRIEGSJAHR 1944 WAREN DIE SCHÜLER DER JAHRGÄNGE
1926 BIS 1928 DES SCHUBART-GYMNASIUMS AALEN ALS
LUFTWAFFENHELFER IN VERSCHIEDENEN FLAK-STELLUNGEN
IM RAUM FRIEDRICHSHAFEN EINGESETZT. BEI EINEM DER
SCHWEREN LUFTANGRIFFE SIND AM 3. AUGUST 1944
DIE LUFTWAFFENHELFER

FRITZ MOHR, AALEN   JOSEF PFLETSCHINGER, HOFEN
ARTHUR STARK, AALEN   HANS KUHNHÄUSER, LAUCHHEIM
PAUL SCHURR, AALEN   JOSEF SCHURR, UNTERKOCHEN
        KURT UND WILLI SOMMER, AALEN

GEFALLEN.

MÖGE IHR OPFER MAHNUNG SEIN
FÜR KOMMENDE GENERATIONEN

Gedenktafel am Aalener Schubart-Gymnasium.

es ihren Eltern, die das wohl Schlimmste erdulden mussten, was ein Mensch erleben kann: den Tod des eigenen Kindes.

Kapelle in Schnetzenhausen

„Und als der letzte Schuss fiel, waren wir schon vergessen."

Es geschah am 3. August 1944. Das war ein Donnerstag. Walter Hauffe, 16 Jahre alt und Schüler der Graf-Zeppelin-Oberschule, hatte eigentlich frei. Nicht schulfrei, sondern Flakhelfer-frei. Wie unzählige Buben im ganzen Reich war auch er eingesetzt, die feindlichen Bomben abzuwehren. Doch dann begannen die Angriffe. Walter Hauffe dachte an seine Freunde, die die Kampfflugzeuge nun an der Flak im Stadtteil Schnetzenhausen ohne ihn abwehren müssten. Sein Entschluss war rasch gefasst. „Ich muss zu meinen Kameraden", sagte er zu seiner Mutter und schwang sich aufs Fahrrad. „Das waren die letzten Worte, die er zu seiner Mutter sprach", erzählt Maria Neher, die nur zwei Jahre vor Walter Hauffe geboren wurde, traurig. Denn als der junge Mann sich aufs Fahrrad schwang, fuhr er direkt in einen schweren Angriff hinein. Es war später Vormittag. Walter Hauffe ließ sein Leben im Kugelhagel wie 22 andere Schüler, darunter acht aus Aalen, fünf Soldaten und elf Bürger von Schnetzenhausen. Einige überlebten, unter ihnen Josef B. Keßler, der die Ereignisse vom 3. August 1944 später akribisch aufgearbeitet hat: „Ich war noch nicht sechzehn. Bediente als Flakhelfer die Zünderstellmaschine unseres 8,8 cm Geschützes. Die Angst zeigte ich nicht. Aber nachts, im Schlaf, kam es vor, daß ich zusammenzuckte, volle Deckung schrie und aus der Falle rollte. Bub, wo fehlt's, fragte meine Mutter Theresia noch lange danach. Nichts ist, sagte ich (...)"

Auch Edgar Maag hat überlebt und jene grauenhaften Stunden schriftlich festgehalten. „Wir setzen die Stahlhelme auf und binden den Helm fester. Schnell wird noch Watte in die Ohren gestopft. Alles ist bereit. Man ist aufgeregt in Erwartung des Kommenden. Oben brummen schon unverschämt die Amerikaner. Endlich das Kommando: scharfer Zielflug. Höhe, Werte, melde ich automatisch. (...) Krachend verlässt der erste Schuss das Rohr. Schlag auf Schlag folgen die Kommandos (...) Plötzlich pfeifen die Bomben. Es kracht, der Wall und das Geschütz wackeln." Die Männer, ach was, die Schulbuben am Boden gehen in Deckung. Und Edgar Maag denkt: „Jetzt stirbst Du den Heldentod." Er verspürt „eine nicht auszudrückende Angst". Als das Krachen vorbei ist, ist „zunächst (...) ringsum Nacht". Eine dicke Staubwolke verbirgt das grauenhafte Bild. Noch. Doch dann sinkt der Staub zur Erde und das Bild des Schreckens wird in seiner ganzen Grausamkeit sichtbar. Gnadenlos. Maag schreibt: „Ächzende und stöhnende Gestalten lagen zwischen den Geschützholmen. Ein unerträglicher Geruch von Pulverdampf und Blut lag über allen. Ogfr. Martin und ich trugen LwOH Kühlwein aus dem Wall heraus, legten ihn in einen Graben und betreuten ihn. Aus irren Augen schaute er uns an und stöhnte andauernd. (...) Einige hatte es herausgeschleudert und lagen mit wunderlich verdrehten Gliedern da. (...) Ein Mann lag auf einem Geschützholm mit staubigem, verfallenem Gesicht. Das lederne Schweißband seines Stahlhelmes war noch am Kopf, den Stahlhelm hatte der Luftdruck weggerissen."

Die Buben ließen verzweifelte Eltern zurück. Schwer vorstellbar dass der Brief, den die beiden Batterieführer an die verwaisten Väter und Mütter noch am selben Tag schrieben, ein Trost war. Darin wird den Hinterbliebenen bescheinigt, dass „Ihr lieber Sohn starb (...), damit Deutschland lebe." Walter Hauffes Mutter jedenfalls habe den Tod ihres Sohnes nie verwunden, erzählt Maria Neher. „Ich habe sie gekannt und sie hat mir das erzählt." Auch die Deutschlehrerin der Buben, Mathilde Zeller, behielt Wilhelm Hauffe und seine Kameraden tief in ihrem Herzen. Mathilde Zeller las mit den Buben Faust. Und wenn sie, wegen des nächtlichen Dienstes übermüdet, den Kopf auf den Tisch legten und einschliefen, schimpfte die Lehrerin nicht. „Ich ließ sie schlafen, die armen Jungen, die immer vom Tod bedroht waren." Und die ihn schließlich auch fanden.

Josef B. Keßler erinnert daran, dass die im Bereich der Flakgruppe Friedrichshafen eingesetzten immerhin insgesamt 700 Flakhelfer nur ein Bruchteil jener 200.000 Jungen der Jahrgänge 1926 bis 1929 waren, die von Februar 1943 bis Mai 1945 bei der deutschen Flakartillerie im Einsatz waren. „Eine namenlose Armee von Jugendlichen (…) verteidigte auf dem Höhepunkt des Zweiten Weltkrieges das Reichsgebiet gegen die angreifenden Bombengeschwader." Nach Gesetz, schreibt Keßler, seien die Schüler keine Soldaten gewesen, über ihre Verluste gebe es keine offiziellen Unterlagen. „Die Namen derjenigen, die in den Bombenteppichen starben, wurden einfach aus den Klassenbüchern gestrichen." Das „bittere Ende im Mai 1945, den totalen Zusammenbruch des Reiches, empfanden wir Jungen weit stärker als die älteren Soldaten. Fassungslos, zutiefst demoralisiert und erschüttert bis in die Seele hinein standen wir da. Wir bezeichneten uns als die Verführten und Betrogenen. Und als der letzte Schuss fiel, waren wir schon vergessen."

Aber einander haben sie nicht vergessen. Immer noch kehren die Überlebenden alljährlich an den Ort des Schreckens zurück. Sie legen Blumen nieder und „denken an unsere Schulfreunde, die keine Helden waren, sondern Buben, die leben wollten." 1984 haben sie einen Gedenkstein für ihre Kameraden errichtet, dort, wo sie den Tod fanden. Kameraden, die nicht nur aus Friedrichshafen kamen, sondern auch aus Ellwangen, Ebingen und Ravensburg. Und aus Aalen. Dort erinnert heute eine Gedenktafel an ihr Schicksal. Sie hängt am Schubart-Gymnasium, früher: Schubart-Oberschule, die die Buben einst besuchten.

Und inzwischen steht in Friedrichshafen-Schnetzenhausen eine von einem großzügigen Stifter errichtete Kapelle. Die Tafel des Gedenksteins ist in die Außenwand eingelassen. Und auch das Bronzebildnis vom „Guten Hirten." Das nämlich war Teil eines Wegkreuzes, das den Angriff überstand, der 39 Menschen das Leben kostete.

Eva-Maria Bast

Danksagung

Geheimnisse sind ständig einer Gefahr ausgeliefert. Der Gefahr, vergessen zu werden. Ohne Menschen, die ihr Wissen zum rechten Zeitpunkt weitergeben, würden enorme Schätze für immer verloren gehen. Wir danken all jenen, die ihr Wissen mit uns geteilt und sich viel Zeit genommen haben, um uns auf unserer Spurensuche zu begleiten. Und deren Augen beim Erzählen oft gelacht, manchmal aber auch geweint haben.

Ein riesiges Dankeschön geht an unsere Familien und Freunde für die großartige Unterstützung. Fürs Rückenfreihalten, Korrekturlesen und für die juristische Beratung. Wir danken besonders für die Geduld, die sie aufbrachten, wenn wir bei der Geheimnissuche und beim Schreiben öfters mal die Zeit – und manches andere – vergessen haben.

Eva-Maria Bast und Sibylle Schwenk im Oktober 2012

Literatur, Quellen und Fotos

Bauer, Karlheinz:
„Die Orgelbauerfamilie Allgeyer in Hofen und Wasseralfingen", in:
Aalener Jahrbuch 1986, Stuttgart 1986, S. 62ff.

Bauer, Karlheinz:
Aalen – Geschichte und Kultur zwischen Welland und Härtsfeld,
Stuttgart 1983, S. 48, 82ff., 145ff.

Bauer, Karlheinz:
„Heilige, Hexe, Hure", in:
Aalener Jahrbuch 1992, Aalen 1992, S. 269ff.

Bauer, Karlheinz:
„Schubart – ernst und heiter", in:
Aalener Jahrbuch 1990, Aalen 1990, S.105–110.

Bilder S. 114, 136: Schwäbische Post, Oliver Giers.

Brodbeil, Peter:
„Mit der roten Fahne für die Republik", in:
„Frauen Fahnen Freie Worte", Aalener Jahrbuch 1998. Heraus-
gegeben vom Geschichts- und Altertumsverein Aalen e. V., bear-
beitet von Roland Schurig, Aalen 1998.

Fischer, Emil:
Chronik des TSV 1848 e.V. Wasseralfingen, Wasseralfingen 1986,
S. 90.

Geschichts- und Altertumsverein:
Aalener Jahrbuch 1982, Stuttgart und Aalen 1982, S. 41ff.

Grupp, Rudolf:
„Zeitungsgeschichte im Ostalbkreis", in:
Einhorn Nr. 56, Aalen 1987.

Grupp, Rudolf:
„Zeitungsgeschichte im Ostalbkreis II", in:
Elnhorn Nr. 57, Aalen 1988.

Hafner, Dr. Eugen:
„Dia hot ons Kendr helfa aufzieha", in:
Schwäbische Post vom 24.11.1993.

Hafner, Dr. Eugen:
„Zwei Gmünder gründen die erste Aalener Zeitung", in:
Einhorn Nr. 109, Aalen 1972.

Hafner, Dr. Eugen:
100 Jahre katholische Pfarrgemeinde Aalen – aus der Chronik
der Pfarrgemeinde, Aalen 1972, S. 11ff.

Hafner, Erwin:

„Der Fall war ortsbekannt", in:

Schwäbische Post vom 3. Dezember 2009.

Hafner, Erwin:

„Gotteslob mit Fanny Kahns Flügel", in:

Schwäbische Post vom 01.12.2005.

Hafner, Erwin:

„Neu am Kocher: Fanny-Kahn-Weg", in:

Schwäbische Post vom 22.10.2005.

Hafner, Erwin:

„95-jährige Aalenerin lüftet Geheimnis", in:

Schwäbische Post vom 18. April 2001.

Hahn, Christoph:

Evangelische Kirchengemeinden im Dekanat Aalen,

Erlangen 1982, S. 25ff.

Haller, Thomas:

„Orgel", in: St. Johann Kirche Aalen, Aalen 2010, S. 160ff.

Heck, Brigitte:

Die „Titanic-Orgel". Eine Legende im Rampenlicht, Badisches

Landesmuseum Karlsruhe (Hrsg.), Schwäbisch Gmünd 2012.

Heckmann, Heidrun:
Frauengeschichten, 5 Stadtspaziergänge, Aalen 1995, S. 25, 30, 31, 40f., 47, 48, 49f., 63.

Hegele, Johannes:
Die Geschichte des Schlosses Wasseralfingen, Wasseralfingen 1987.

Hegele, Josef:
Eigene Niederschrift, Wasseralfingen, Juli 2012 (unveröffentlicht).

Hildebrand, Dr. Bernhard:
Das Braunenbäumle – Geschichte eines Naturdenkmals, Aalen 1977.

Hildebrand, Dr. Bernhard:
Episoden aus der Geschichte der Stadt Aalen, Aalen 1971, S. 35–37.

Hildebrand, Dr. Bernhard:
„Stadtkernsanierung um 1900", in:
Aalener Jahrbuch, Aalen 1982, S. 162–169.

Katholisches Stadtpfarramt:
Das katholische Aalen in Vergangenheit und Gegenwart, Aalen 1956, S. 14 bis 33 und S. 15 ff.

Memmert, Günter:
Die Stadtkirche in Aalen und die Stephanuskirche in Alfdorf,
Nürnberg 2010, S. 20ff., 63ff., 73ff., 87ff., 90f.

Pfarrgemeinden Aalen:
100 Jahre katholische Pfarrgemeinde Aalen, Aalen 1972, S. 31–32.

Pfeifer, Hans:
Dokumentation über den Widerstand von Kaplan Renz in Ellwangen und seinen Einsatz zur Rettung ‚lebensunwerter' Kinder
der Marienpflege in der Zeit des Dritten Reiches 1933–1945,
Ellwangen o. J.

Rau, Werner:
„Wie Aalen evangelisch wurde", in:
Festbuch zur Wiedereinweihung der Stadtkirche, Aalen 1956,
S. 12ff.

Regierungsbezirk Karlsruhe und Stuttgart (Hrsg.):
Baden-Württemberg I, Heimatgeschichtlicher Wegweiser zu Stät-
ten des Widerstands und der Verfolgung (1933–1945),
Band 5, o. J., S. 268f.

Reuth, Ralf Georg:
Erwin Rommel. Des Führers General, München 1987.

Roßmann, Artur:
Aalener Geschichten, Ulm 1992, S. 88ff.

Schall, Julius:
Geschichte des Königl. Württ. Hüttenwerks Wasseralfingen,
Wasseralfingen o. J.

Schnieders, Dr. Hans:
„Schwerpunktthema: Klang-Farben-Liturgie, Anregungen für ein
differenziertes Glockenläuten", in:
Kirchenmusikalische Mitteilungen, Rottenburg 2012.

Schurig, Dr. Roland:
„Wenn die Soldaten durch die Stadt marschieren...", in:
Aalener Jahrbuch 2006–2008, Aalen 2008, S. 159ff.

Schwäbische Post vom 15.11.1966, 15.9.1984, 17.7.2004,
22.7.2004.

Seidel, Kurt:
Die Zahnradbahn zum Braunenberg, Schwäbisch Gmünd 1992,
S. 6ff.

Stadtarchiv Aalen:
120 Jahre Wasserversorgung der Stadt Aalen. Kurze Chronologie
zur Entwicklung der Aalener Wasserversorgung (unveröffent-
lichte Kopien).

Steuer, Matthias:
Ihro fürstliche Gnaden (...) Die Fürstpröpste von Ellwangen und
ihre Kultur, Ellwangen 2011.

Stützel, Gebhard:
Erinnerungen aus der guten alten Zeit, Aalen 1909, S. 26–29, 45f.

Stützel, Hermann:
Alt-Aalener Spaziergänge, Aalen 1963, S. 13–19, 21f.

Stützel, Hermann:
Damals in unserer kleinen Stadt, Aalen 1967, S. 20ff.

Theiss, Bernhard und Ulrich; Stephainski, Andreas; Moll, Manfred; Hofele, Winfried; Kurz, Sascha:
Zeitreise, Aalen 2010, S. 16.

Vogt, Schwester Gerburg Elisabeth:
Der Fall war ortsbekannt, Fragment, München 2008.

Spiegel:
Der Tod des Wüstenfuchses. URL: www.einestages.spiegel.de/
static/topicalbumbackground/3338/dertoddeswüstenfuchses.
html Stand: 20.8.2012

Wikipedia:
Johannes der Täufer. URL: www.de.wikipedia.org/wiki/Johannes_der_Taeufer. Stand: 11. August 2012.

Wikipedia:
RMS Titanic. URL: www.de.wikipedia.org/wiki/Titanic. Stand: 2. August 2012.

Aalen

Aalen

07	Hochbehälter
24	Hirschbach-Freibad
26	Lüftungsschornsteine
32	Turnplatz
51	Gedenktafel

Aalen Innenstadt

01	Aalener Spion		**09**	Rommels Jugendhaus
02	Gehobenes Haus		**10**	Altes Rathaus
03	Pinsel im Fresko		**12**	Turm
04	Galgenberg und Altes Rathaus		**13**	Mittelalterlicher Friedhof
			15	Stadtmauer-Reste
06	Haus mit dem Spionturm		**16**	Salvatorkirche
08	Goldener Bär		**18**	Lateinschule

Aalen Innenstadt

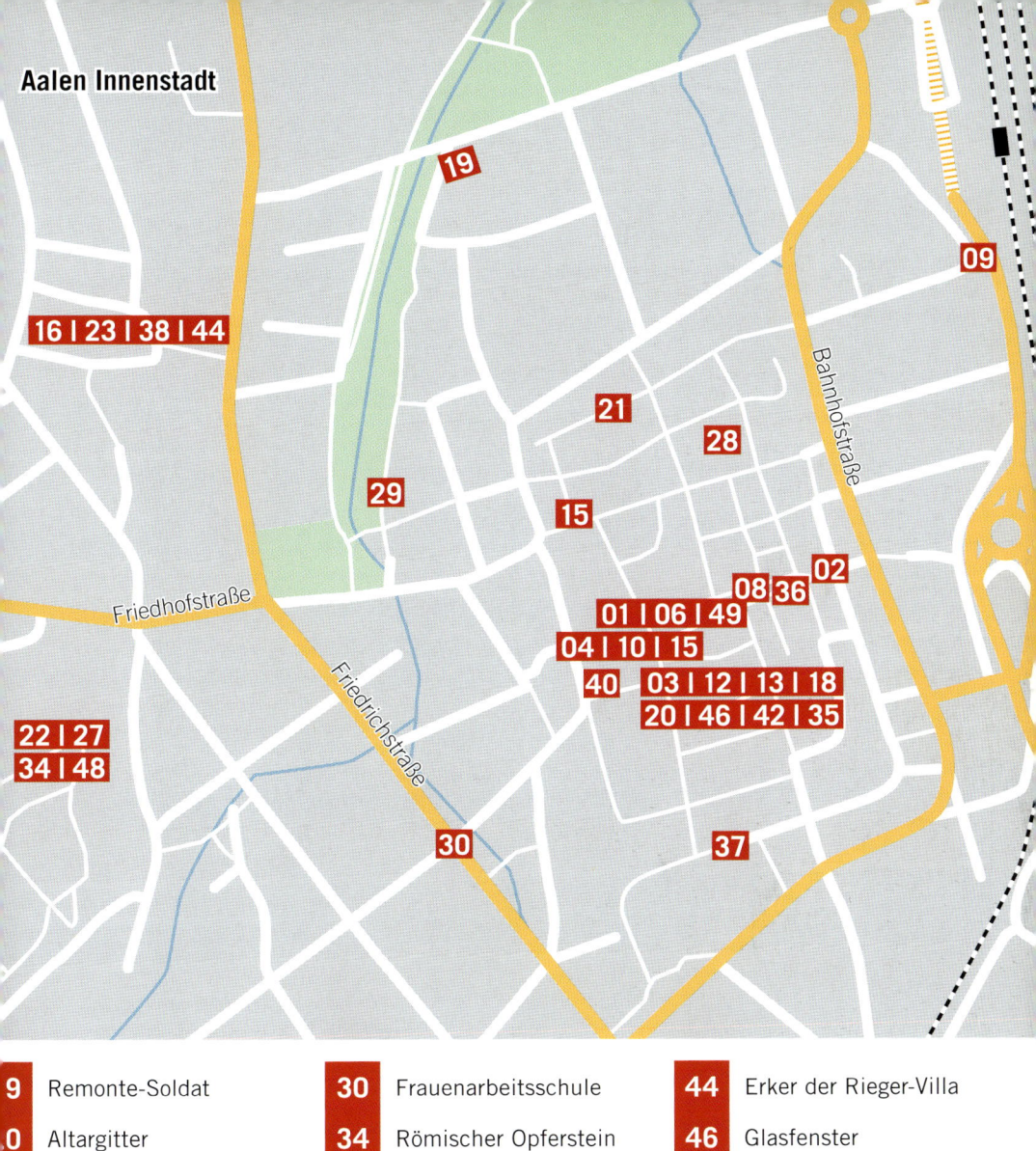

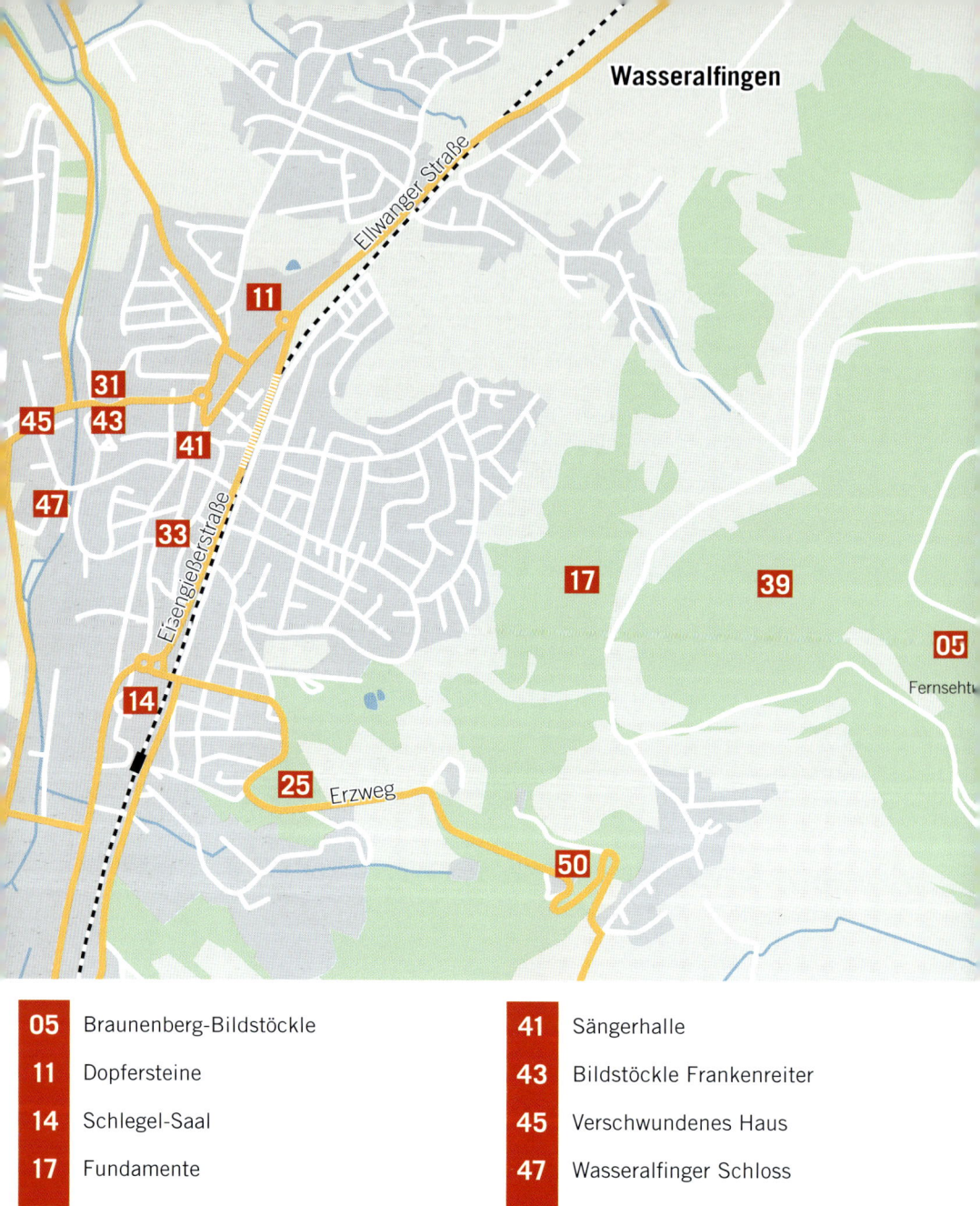

Wasseralfingen

Ellwanger Straße

Eisengießerstraße

Erzweg

Fernseht

05	Braunenberg-Bildstöckle		**41**	Sängerhalle
11	Dopfersteine		**43**	Bildstöckle Frankenreiter
14	Schlegel-Saal		**45**	Verschwundenes Haus
17	Fundamente		**47**	Wasseralfinger Schloss
25	Stolleneingang		**50**	Seiteneingang
31	Altes Kirchle			
33	Luftschutzkeller			
39	Braunenbäumle			

Haftungsausschluss

Trotz intensiver Gespräche mit unseren Gesprächspartnern, gewissenhafter Literaturrecherche und aufmerksamem Korrekturlesen erheben wir weder einen Anspruch auf Vollständigkeit noch auf Fehlerlosigkeit. Wir haben streng darauf geachtet, keine Urheberrechte zu verletzen, unsere Recherchen sind nach bestem Wissen und Gewissen erfolgt. Dennoch übernehmen wir keinerlei Gewähr für die Aktualität, Korrektheit oder Vollständigkeit der bereitgestellten Informationen. Haftungsansprüche gegen uns schließen wir grundsätzlich aus.

Auch
Konstanz hat viele Geheimnisse

Gehen Sie mit uns auf Spurensuche und entdecken Sie…

… eine unterirdische Kapelle, die Geschichte eines trinklustigen Turm-wächters, ein angebliches mittelalterliches Bordell, seltsame Spuren eines Ketzers, barbusige Damen in einer ehemaligen Kirche, Spuren eines zweiten Roms, eine Scharte, durch die man einst grausige Szenen beob achtete, den Ort, an dem Frauen ertränkt wurden, einen geheimen Platz für Liebende und vieles mehr…

Auch

Villingen-Schwenningen
hat viele Geheimnisse

Gehen Sie mit uns auf Spurensuche und entdecken Sie…

… Spuren von Hexen, eine seltsame Hausnummer, den Sieg eines Bäckers über einen Bürgermeister, eine Eiche, die als Galgen diente, ein Steinkreuz, das an einen grausamen Mord und eine tragische Liebesgeschichte erinnert, ein geheimnisvolles Metalltürchen am Münster, tiefe Krater im Stadtwald, die von Freundschaft unter Feinden künden und vieles mehr…

Eva-Maria Bast, Heike Thissen

Geheimnisse der Heimat
Ausgabe Villingen-Schwenningen

Erhältlich im Buchhandel oder online unter: www.buero-bast.de

Die Lieferung ist kostenlos. 14,90 Euro.

ISBN 978-3-00-035900-2

Auch
Überlingen hat viele Geheimnisse

Gehen Sie mit uns auf Spurensuche und entdecken Sie…

… die tragische Liebesgeschichte von Überlingens Romeo und Julia, geheime Gänge, ein neugieriges, steinernes Männlein, die Antwort auf die Frage was ein Vulkanausbruch in Indonesien mit dem Wasserstand in Überlingen zu tun hat, Spuren der Badischen Revolution, Erinnerungen an jüdisches Leben, den Plattenweg, auf dem ein trunkener Medizinalrat einst torkelte und vieles mehr...

Eva-Maria Bast, Heike Thissen

**Geheimnisse der Heimat
Ausgabe Überlingen**

Erhältlich im Buchhandel
oder online unter:
www.buero-bast.de

Die Lieferung ist kostenlos.
14,90 Euro.

ISBN 978-3-00-035898-2

Auch

Friedrichshafen hat viele Geheimnisse

Gehen Sie mit uns auf Spurensuche und entdecken Sie…

… den kleinen Lapsus an der St.-Nikolaus-Kirche, die spannende Episode um das Badehäuschen des Dr. Eckener, einen ganz besonderen Platz für verliebte Paare, alte Mauern mit verruchtem Inhalt, eine Gasse in Form eines ganzen Gebäudes, die düstere Legende um einen schwarzen Handabdruck, Statuen mit griechischen Namen mitten im Schwabenländle, einen wahrhaft praktischen Vertrag mit der Stadt, alte Bombenkrater mit kreativer neuer Verwendung und noch vieles mehr…

Eva-Maria Bast, Julia Blust

**Geheimnisse der Heimat
Ausgabe Friedrichshafen**

Erhältlich im Buchhandel
oder online unter:
www.buero-bast.de

Die Lieferung ist kostenlos.
14,90 Euro.

ISBN 978-3-9815564-0-7

Auch

Donaueschingen, Bräunlingen und Hüfingen

haben viele Geheimnisse

Gehen Sie mit uns auf Spurensuche und entdecken Sie…

…den Zusammenhang zwischen einem skrupellosen Attentäter und einem idyllischen Brunnen, die große Liebe eines Fürsten, den Tatort des Hüfinger Blutbades, das Kreuz eines nie geklärten Mordes im Bräunlinger Stadtwald, die Geschichte hinter großen Steinbrocken unter einer Donaueschinger Brücke, den letzten Gruß eines Toten in Hüfingen, das Brötchen der Marie-Antoinette und noch vieles mehr…

Eva-Maria Bast, Heike Thissen

**Geheimnisse der Heimat
Ausgabe Donaueschingen,
Bräunlingen und Hüfingen**

Erhältlich im Buchhandel
oder online unter:
www.buero-bast.de

Die Lieferung ist kostenlos.
14,90 Euro.

ISBN 978-3-9815564-1-4

Eva-Maria Bast
Vergissmichnicht
Ein Bodensee-Krimi
280 Seiten, 12 x 20 cm, Paperback
ET August 2012
ISBN 978-3-8392-1338-4, 11,90 €

Erhältlich im Buchhandel
und auf www.buero-bast.de

Von der Autorin der »Geheimnisse«: Ein spannender Krimi mit viel Lokalkolorit vor der traumhaften Kulisse des Bodensees.

Die Journalistin Alexandra Tuleit stößt auf den mysteriösen Todesfall des Carlo Bader, der 1980 in Überlingen ermordet wurde. Der Täter wurde nie gefunden. Elisabeth Meierle, eine alte Dame, reagiert äußerst merkwürdig, als Alexandra sie nach dem Toten fragt und bestellt sie zu einem geheimen Treffen. Doch als die Journalistin am vereinbarten Ort eintrifft, findet sie die alte Dame tot vor – ermordet. Zur gleichen Zeit verschwindet in Südfrankreich eine Frau. Die Spuren führen nach Überlingen und auch nach Konstanz, wo der Oberbürgermeisterkandidat Wolfgang Gruber einen erbitterten Wahlkampf führt. Der norddeutsche Kommissar Ole Strobehn arbeitet gemeinsam mit Alexandra Tuleit an der Aufklärung des Falls und entwirrt nach und nach die Fäden eines tragischen Familiendramas. Und auch sein Privatleben gerät in Aufruhr, denn zwischen ihm und der Journalistin knistert es gewaltig …

Wir machen's spannend
www.gmeiner-verlag.de

Besuchen Sie uns im Internet:

www.buero-bast.de